JN226606

今日は、子どもが可愛く見える

ママのゆるコツ事典

渡辺のぞみ 著　Boojil 絵

きゃはは〜！

どろどろ〜　ばしゃばしゃ

きゃはは

あぁぁぁん

あーあーなにやってんのー!!?
いら
いらいら
いら

うわ〜ん
あー、もうでかけるのに、
着替えさせなきゃ
また洗濯物…
もう遅刻しちゃうよー
怒りたくないのに
また怒っちゃったし…
ほんとにもう…
…あ、今日は雨だった！

泣きたいのは、こっちだよ…

じゃーん
誰…!?
っていうか、
なに!?

まぁ、これを見なされ
えっ?

あたし、1人暮らししたいの!
実は結婚したい人がいて…
初孫だよ!
オギャ〜
やった〜
第1志望合格!!

いつか大人に
なるんだねぇ

ま、そうは言っても
今は大変だろうから、
この本でも読むといいよ
えっ？

あっ
じゃ
ポチャン！

あやしい…
がしかし…

第1幕 今日も、ドタバタな朝がきた！
〜「いってきま〜す」までのゆるコツ〜

登場人物

たつパパ

仕事に家事にダンスに忙しいママと一緒に、子どもたちの育児に奮闘中。「育児は手伝うものではなく、夫婦で協力して当然やるべきこと」という強い信念を持つ。…とはいえ、たまに空回りして、たくさん迷って失敗もする。いつか、ママと一緒に世界中のサンゴ礁を旅するのが夢。

タツノオトシゴって、どんな生き物？

オスが妊娠・出産するという唯一の魚、タツノオトシゴ。6か月の繁殖期間で産む子どもの数は1000〜2000匹。自分が親であることを知っているせいか、オスはとっても子煩悩。動物界のベストファーザーの異名を持つ。夫婦の愛を深めるために、尾を絡ませ合ったり、ダンスをしたり、仲睦まじい姿を見せる。

たつババ

育てた子どもは数万匹。人生の酸いも甘いも知りつくしたおばあちゃん。たつパパのママ。子育て世代の若いパパやママたちを見守り、いざというときには、アドバイスを伝授。不定期で「たつババの悩み相談室」を開いている。いつか、サンゴ礁の片隅で、小料理屋を開くのが夢。

たつママ

仕事大好き、家事はイマイチ… 家族みんなで食べる夕ごはんがなにより幸せ! 子だくさんすぎて、ときに、育児がイヤになるときも。そんなときはパパにすべてを任せて、サンゴ礁をゆらゆら散歩…というマイペースな一面も。いつか、英虞湾の真珠でネックレスを作るのが夢。

第2幕 仕事だ！ 家事だ！
～忙しい日中のあれこれをこなすゆるコツ～

第3幕 夕ごはん、風呂、歯みがき、寝かしつけ…！

～「おやすみなさい」までのゆるコツ～

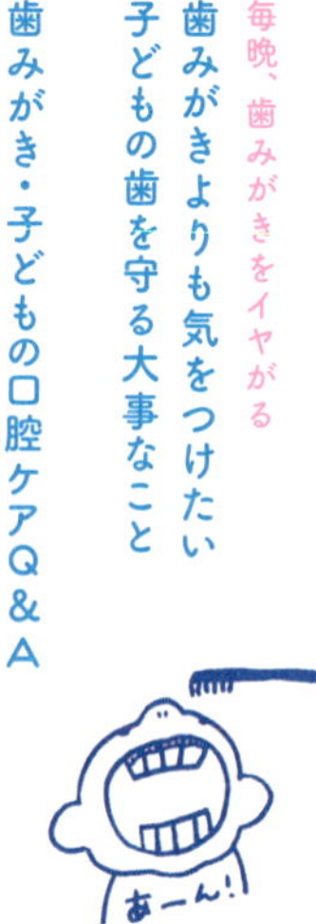
あーん!

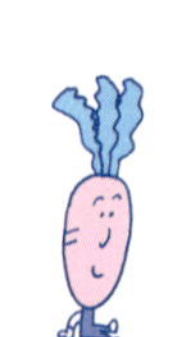

第6幕 毎日の育児、おつかれさま！

～ママの心と体をほぐすゆるコツ～

第7幕 とことん遊ぶよ！ 覚悟しとけ～
～子どもとの一日を120％楽しむゆるコツ～

ALBUM
PHOTO

お母さんの夢がつまった、幕の内弁当

「母親が日々、粛々とこなしていることは、壮大な仕事だな」
忙しい日々の中でふと思ったことが、この本を作るきっかけになりました。
私は現在、5歳と1歳の女の子の子育て中です。30代半ばで第一子、40代が見えかけてきた頃に第二子を出産しました。
10〜20代にかけては、「がんばれば、なんとかなる」という勢いで、勉強も仕事もこなしてきたように思います。
ところが、30代で経験したことの数々は、「がんばってもどうにもならない」ことの連続でした。その最たるものが「妊娠」でした。30代前半で結婚し、翌年妊娠するも、あっけなく流産。一度すべてをリセットしたくて会社も辞めました。もう子どもは無理なのかなとあきらめていたときもありました。長女を授かるまでの数年は、ひたすら待つ時間——がんばってもどうにもならないことがあるということを、身をもって経験した数年でした。
自分が育てられたように、自分も子どもを育ててみたいという淡い夢。幸い2人の女の子に恵まれ、喜びも楽しさもいっぱいですが、今の自分を振り返ると、さてどうなのか――？
待ったナシの家事、こちらの体調にもおかまいなしに「ママー！」の子どもたち、慢性的な睡眠不足、時間は増えないのにやることは山のよう。夫婦の役割分担や子どもにまつわるあらゆることにイライラして、子どもにやさしくできない自分にもまた嫌気がさしての繰り返し。気力も体力も、幼子2人に吸い取られていくようです。

出産したときはすでにフリーランス（自営業）でしたから、会社員とは違って育休もほぼナシ。仕事を継続するため、長女のときは産後4か月、次女のときは産後2か月で仕事に復帰しました。近所に頼れる祖父母はいません。住んでいる地域の保育園事情の厳しさも、さらに追い打ちをかけました。

「子どもはかわいいはずなのに、ぜんぜん、子育てを味わえてない。子どもができたのは奇跡のようなことなのに」と。ふと愕然とした気持ちになる自分がいます。
好きな仕事を継続することも、ようやく授かった子どもたちも、すべて自分が望んだこと。それなのに、その思いを当たり前のように実践していくことは、想像以上に大変でした。
そう、「がんばれば、なんとかなる」ではなく「なんとかするために、どうするか」。
母親になってからの日々は、ひたすらそれを自分に問いかけ、実践する日々に変わりました。

そんな中で湧き上がってきたのが、本書のアイデアです。
この本にはたくさんのコツがつまっています。私が毎日のように実践していることだけでなく、「こんなことできたらいいな」「いつかやってみたい」「こんな気持ちで乗り越えられたら」という、理想や願望もたくさん収録しました。
子育てが大変、辛い…と感じるのは、なんとかしたいという気持ちの裏返し。だとしたら、そこには「希望」があるはずです。この本は、ある意味、子育て中のお母さんの夢がつまった、幕の内弁当のようなものかもしれません。
この本のコツが、子育てに向かう気持ちを少しでも気楽に、楽しいものにしてくれることを願っています。心に1ミリでも余裕ができたら、いつもよりちょっぴり子どもがかわいく見えるかもしれません。
子育てという壮大な仕事に粛々と向き合うお母さんたちに、1日1回は、この本が役立ちますように。

渡辺のぞみ

追伸：こんな〈ゆるコツ〉見つけたよ！　こんな〈ゆるコツ〉おすすめ！
というのがあったら、おはがきに書いていただけるとうれしいです

第1幕

今日も、ドタバタな朝がきた！

～「いってきま～す」までのゆるコツ～

もー、起きなさい！

布団から出ない子どもを ピョコリと起こす6つの作戦

1 外になにかいる！ 作戦

「あ、飛行機！」「あ、アンパンマン！」「あ、猫！」など、窓やベランダを指差して、子どもが好きそうなもので、意識を外に向けさせて。起きるきっかけがほしいだけかもしれません。

2 おいしいものある！ 作戦

「起きて！」に反応しなくても「ホカホカのパンケーキ、焼くよ」「大好物のぶどう、食べよう」「絞りたてのオレンジジュース、飲む？」など、好物にそそられて体が動くことも。朝ごはんに、ちょっと魅力的な1品を用意して引っぱり出して。

3 ママバス発車！ 作戦

「♪まもなく、台所行きママバス〜発車いたします〜ご乗車の方は〜ママの背中につかまってお待ちください〜♪」というように、バスのアナウンスを真似てみて。「置きざりにしないで！」の一心で、子どもがはね起きるかも。

『おふとんさん』（コンドウアキ、小学館）：「あなたのおふとんになりたくて」と、ぼくについてきたおふとんさん。ぼくを包み込む姿はやさしさいっぱい。おふとんに愛着が湧く絵本。

4 朝のお楽しみ！ 作戦

「早起きできたら、ママと一緒にお散歩」を日課にするのも◎。ママと一緒になにかできることが、子どもは楽しくて仕方ないのですから。パン屋さんでできたてのパンを買う、1本の木を定点観測するなど。平日の夕方には一緒にできないことを、思いきって朝の日課にしてしまいます。

5 くんくん…いい香り！ 作戦

嗅覚を刺激する朝ごはんのいい香りは、なによりの目覚ましに！　目玉焼きとソーセージのジューシーな香り、バタートーストの香ばしい香り、炊飯器からふつふつ出てくる炊きたてごはんの甘い香り、みそ汁のおだしのやさしい香り…目覚めの瞬間おなかがぐぅと鳴るような香りで、子どもをたきつけて。

6 「おはよう」の儀式！ 作戦

寝る前に、枕元、リビングへと続く廊下や階段のところどころに、お気に入りの人形やおもちゃを配置。朝になったら、「ほら、今日もみんなに『おはよう！』しようね」と声をかければ、「私がやらなきゃ！」と、はりきることも。一日の始まりのあいさつを、ごっこ遊びに応用です。おもちゃの代わりに着替えを1点1点置いておく…というのもやってみて！

『はるですよ』（くすのきしげのり・作、小林ゆき子・絵、フレーベル館）：春がきたのに眠り続けるくまさんを、森の仲間たちが起こそうと大奮闘。最後に登場したのは小さなありさん。さぁ、どうなる…!?

MORNING

…しまった！ 寝坊！

一日の始まりを台無しにしない「めげない言葉」と「なんとかする」コツ

うっかり寝坊してしまったとき、つい言ってしまう「…しまった」「どうして起きられなかったの…？」という言葉。起こったことは変えられない。だったら、ネガティブな言葉を口にするより、ポジティブな言葉をつぶやいたほうが、元気なスタートがきれますよね。

めげない言葉 1

「おはよう！」

何十年と刻み込まれてきた、この言葉。習慣の力というのは思った以上に強いのです。どんなに時間がなくても、あわてていても、笑顔で「おはよう！」。口にすればイレギュラーな朝でも自動的に心が整います。

めげない言葉 2

「あと5分ある！」

「もう5分しかない」なんてメソメソしていたら間に合うものも間に合わなくなってしまう…。残された時間でどうにかする、という覚悟を決めるためにも、まずは「あと5分ある！」を声に出して、気分を奮い立たせて。

『あさになったので まどをあけますよ』（荒井良二、偕成社）：窓を開けたらなにが見えるだろう？ いつもの景色、いつもの街並み…いつもとは違うなにかはある？ 窓から始まる一日の幸せを見つけてみたくなる1冊。

「なんとかなる」ではなく「なんとかする」ために！朝のいろいろ、省けるのはこんなところ

❶朝ごはん

1食抜くくらい、大丈夫！　…とはいえ、自分はよくても子どもにはなにか食べさせたい。とりあえずおなかを満たせてエネルギー源になる飲みきりサイズのジュースや飲むヨーグルトは、「朝用非常食」として、とりそろえておきましょう。

❷メイク

ノーメイクでもいいけれど、難しいならどこか１か所に絞って。「まゆ毛だけ」「口紅だけ」など自分の顔の「補う箇所」を知っておきましょう。

❸持ち物準備

保育園、幼稚園、会社…それぞれの目的地に時間までにたどりつくのが最優先の場合は、「忘れ物」という概念は捨てます。通勤ママは、せめて財布と定期だけは生命線と考えて必携。それ以外は、現地調達。子どもの持ち物は1つや2つなくても、どうにかなります。

時間のない朝は、災害時の避難の鉄則「体ひとつで、逃げる」を思い出すんだ！　ママがんばれっ！　…っていうか、ボクも遅れちゃう！

❹服選び

バタバタのときは「選んでいる」時間がもったいない。自分の暮らしや仕事に合った「定番スタイル」は、制服のように決めておくと大失敗を防げます。たとえば、トップスは白、ボトムスは黒かベージュというように、色の系統だけでも決めておけば、あとは前日と違うものを選べばいいだけ。

『ぼんやりの時間』（辰濃和男、岩波新書）：大人の忙しい時間感覚を子どもに押しつけている？　ぼーっとする時間が時に子どもを成長させるのだとか。なんにもしない時間の豊かさに気づかせてくれるエッセイ。

MORNING

朝ごはん、どうしよう!?

「いってきます」までに許された時間別 朝ごはんアイデア集

"朝定食"のフォーマットを決めよう

子どものワンプレート同様、
「型」を決めればブレません。

〈例〉

メイン トースト × サブ バナナ&牛乳

メイン 納豆ごはん × サブ みそ汁（インスタントでOK）

メインのみ 前日の残り物のリメイクあれこれ

あと30分！

みそ汁が作れるいつもの朝

みそ汁を豪華な1品にする、こんな具いかが？

モッツァレラ
チーズ
×
トマト
=
スープな
ピザ風

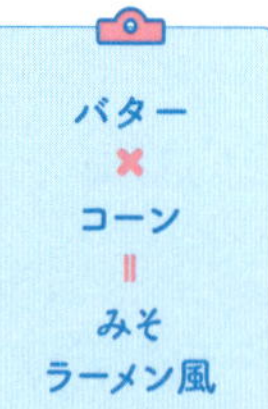

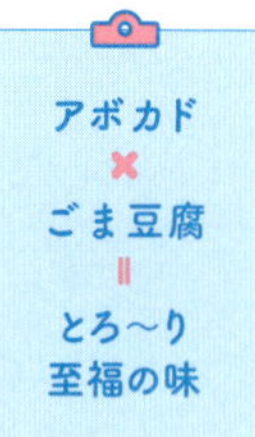

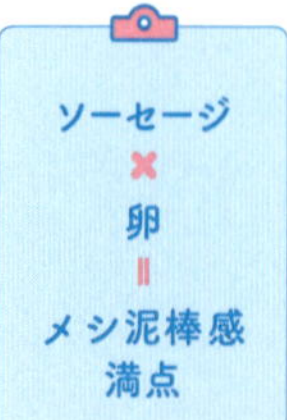

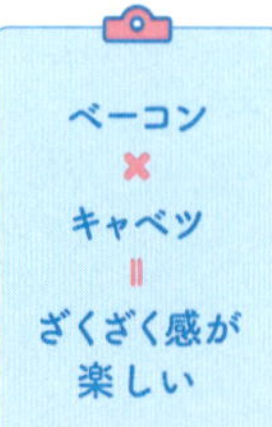

ベーコン
×
キャベツ
=
ざくざく感が
楽しい

『一汁一菜でよいという提案』（土井善晴、グラフィック社）：いろんな食べ物がありすぎて、食卓になにを出せばいいかわからなくなっているママ必見。一汁一菜というシンプルな基本に立ち返りたい。

RECIPE

あと15分！

かろうじて和える＆のせるができる朝

即席ツナそうめん

1. 流水めん（流水で洗うだけで食べられる市販のめん）は洗って水気をきり、サッとごま油で和える。
2. ツナ、マヨネーズ、しょうゆを混ぜて、めんにのせる。

はんぺんコロコロどんぶり

1. はんぺん、トマトをサイコロ状に切る。
2. トマトは、ごま油と塩少々で味つけ。
3. あったかいごはんに、のり、はんぺん、トマトの順にのせるだけ。

（「コロコロ」のアイデアは32ページも参照）

流水めんを使えば、ゆで時間ナシ！　食後のお茶も飲めるかも。納豆やアボカドをプラスしても、けっこううまいよ

切るのがめんどうなら、はんぺんは、ちぎっちゃってね。ボクは「かにかま＋コーン」「チーズかまぼこ＋レタス」「チャーシュー＋長芋」のどんぶりが好きさ

RECIPE

あと10分！

はさんでリメイク＆レンチンの朝

トーストしてる時間と手間がもったいないからパンはそのままで。サンドイッチだと洗い物も少ないよね。ナポリタンをはさむのもおすすめ〜

オムレツサンド

1. 溶き卵を塩こしょうで味つけして、焼く。
2. 食パン1枚にマヨネーズを好きなだけ塗る。
3. 食パンに卵をのせ、ボフッとはさむ。

煮物やカレーのチーズ焼き

2日目の肉じゃがやカレーには、とろけるチーズをのせてレンジでチン。時間がないとはいえ、残り物の味に飽き飽き…なときは、味も雰囲気もちょっぴり新鮮になります。

RECIPE

あと5分！

作れない！闘う朝

とりあえず、バナナ！　四の五の言わずに、食べましょう。とりあえず、牛乳をレンジでチン！　つべこべ言わずに、飲みましょう。ちなみに、「朝のフルーツは金」という諺があるように、いざというときのために「緊急フルーツ」を常備しておくと安心です。バナナのほかに、むいただけ、洗っただけで食べられるイチゴ、ミカン、ブルーベリーなど。皮をむいたり、切るひと手間がかかるリンゴ、グレープフルーツ、梨などは、前の晩に用意して保存容器へ。フルーツ缶も活用してみて。

『一日がしあわせになる朝ごはん』（小田真規子・大野正人、文響社）：トースト38連発、巻かないだし巻き卵など、簡単に作れるバリエーションが満載。夜寝る前に読むと朝起きるのが楽しみになる。

時間がない！ 急がなくちゃ！ でも…
マンネリになってる朝ごはんが ときめく8つの工夫

一日の始まりだからね。ときめかないよりときめいたほうがいいよね。まあ、ボクはいつもママにときめいてるけどね～

◉ ソーセージは柄物をチョイス

ふつうのソーセージをハーブ入りなどに格上げ。ちょっとだけ見た目がゴージャスになります。スープに入れても、どことなく本格的な味に感じられるから不思議。

◉ 切り方で味も変わる

厚切りハムやチーズはサイコロ状にカット。ペラ1枚のハム＆チーズより、愛らしさが増します。サラダに入れたり、そのままサイドディッシュにしても◎。

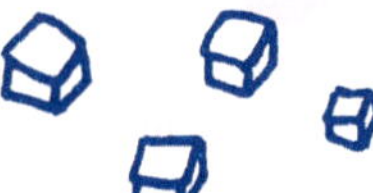

◉ プチトマトを全カラー用意

赤だけじゃないプチトマト。単色だと味気ないけれど、黄色、オレンジ、ブラウン系…いろいろそろうと華やかで楽しい印象になりテンションもアップ。「食べてみたい」興味が食欲につながります。

バタバタな朝にしない 5つの用意

1 前の晩に食器を用意

「朝はこのワンプレート」と決めておくなど、お皿の準備があれば、メニューの迷いも、動作のアタフタも減らせます。

2 常にゆで卵を用意

大寝坊しても、とりあえずゆで卵をかじっておけば、栄養も腹持ちもオールOK。朝食べなくても夕食に使えるので、あって困ることはないアイテムです。

『コーヒータイム』（高橋和枝、ポプラ社）：1杯のコーヒーが今日と未来をつなぐ記憶の旅へと誘う。コーヒーが冷めきらないうちに読みきれる短さ、至福のコーヒータイムを夢見て開いてみては？

◉ 具材は色つきをチョイス

みそ汁の具に手鞠麩をプラス。彩りもきれいになり、子どもも喜びます。

◉ 定番おかずにこそ意外性を

塩鮭ならぬポン酢鮭！　生鮭をポン酢にくぐらせて、さわやかな焼き魚に。「魚＝塩焼き」になりがちだけど、このルーティンを断ち切るだけでも、新鮮な気分に。

◉ ハムは1人1パック使いきる

ハムをケチらない！　サンドイッチの具に使うときは4〜5枚重ねてボリュームを出します。1枚だとペロッとしていて心もとないけど、1パック使いきりの豪快さで、力が湧いてきます。

◉ ふりかけアラカルト

手抜きのイメージがあるけれど、サッとひとふりでいろんな栄養素がとれるメリットも。緑黄色野菜入り、乳酸菌入り、魚系ならカルシウム入りなど、多彩なラインアップ。ふりかけをずらっと並べて子どもと食べ比べするのも楽しいひとときに。

◉ トーストにスマイル

カプチーノ用のステンシルプレートでココアをふりかければ、トーストもにっこり笑顔に。朝から気分も上がります。ステンシルプレートは100均でも買えます。

---

3 調理しないメニューを用意

「つぐだけ（ジュース・牛乳、市販のスープ）」「切るだけ（パン）」「かけるだけ（コーンフレーク）」など、忙しい朝は気楽が一番！　と割りきります。

4 洗わないための用意

朝ごはん専用のかわいい紙ナプキンを用意。お皿の上にナプキン、ナプキンの上にトーストをのせれば、洗い物も不要。

5 朝ごはんトレイを用意

トースト用のバター、ジャム、パンを、冷蔵庫の中で一括管理。1つのトレイに入れておけば、一瞬でテーブルに出せて「アレがない！」を防げます。

『子どもの脳は、「朝ごはん」で決まる！』（小山浩子、小学館）：レトルト、缶詰、冷凍食品OKのゆるいルールながら、発育に欠かせない食材や調理のアイデア満載。忙しいお母さんにはありがたい。

ああ、もう遅れちゃうよ…

いざ、出発！のときに限って、ぐずのろな子どもへの対処法

コツ1

でかける理由をこまめに伝える

仕事や用事があってでかけるのは、親の都合です。「なぜ親は仕事に行き、子どもは保育園に行くのか」「今日はなぜ外出するのか」など、ふだんから言い聞かせる習慣を。小さな子でも、少しずつ、我が家の一日の流れを理解するようになります。

コツ2

具体的に伝える

子どもは「今」この瞬間に没頭する生き物。先を見すえた時間感覚がまだ十分ではありません。だから「早く！」と急かすより、「時計の長い針が8になったら、でかけるよ」と、時間を知らせる感覚で声をかける習慣を。数字がまだわからない子には、時計の数字部分に、動物やキャラクターシールを貼って、「長い針がきりんさんのところにきたら、靴をはこうね」と具体的に。

コツ3

「今一番」だけを伝える

「もうでかけるよ、早くして！」と言いながら「ほら、食べ残しはダメ、全部食べなさい！」とたたみかける…こうすると、子どもが混乱する場合も。どちらもママからしたら「今、やってほしいこと」ではありますが、子どもにはそれが通じません。頭をクリアにして、今一番してほしいことだけを、伝えるようにしましょう。

コツ4

ちょっとだけ希望を叶える

歩き始めた子は、歩くのが楽しくて、ベビーカーや自転車に乗りたがらないことも。1分1秒が大事な朝に、「勘弁して…」という気持ちになりますが、完全拒否すると、とりつくしまもない大泣き状態に。時間の許す限り、まずは、子どもの希望を受けとめてみてください。ほんの数歩でもいいから歩かせて「今日は、もう時間がないから乗ってね」「危ないからここから自転車ね」と言い聞かせます。

『もう　ママったら！』（寺島ゆか、文溪堂）：ごはんを食べない娘に怒ってばかりのママは、しびれをきらしてとんでもない方法で反撃に。ママが“ママであること”を放棄する姿は抱腹絶倒！

ぐずぐず、のろのろ…も裏を返せば印象が変わる

生まれながらの性格は変えられないけれど、ママがその子の性格をどうとらえるかは、変えられます。

じつは“ていねい”なだけ

でかけるまでの準備で、なにに時間がかかっているのか、それとなく観察してみると発見があるかも。たとえば、「靴下とかかとをぴったり合わせてはく」といった、ママからすればどうでもいいことを、大事にしている可能性もあります。

じつは“ほかに気になることがある”だけ

絵本やおもちゃが目に入ると、ついついそちらに好奇心が…。周囲に子どもの気を引くものがないか、チェックしてみて。片づけるだけで、問題解決となるかもしれません。

じつは“よく考えている”だけ

今やることを忘れているのではなく、保育園でのこと、給食のこと、今したいことなど…子どもなりにいろんなことを考えているのかもしれません。「今、なにをする時間だったっけ？」と声がけすれば、スイッチが入る子もいます。

じつは“こだわりが強い”だけ

子どもは、妙なところにこだわりを持つものです。たとえば、自分が一番じゃないとイヤとか、今日はこのTシャツを着たいとか、靴はこうしてはきたいとか。そのこだわりを最優先させたら、納得するかもしれません。

とにかく急かす、こんな言葉がけ！

◎「ママと競争だよ！　どっちが早いかな!?」
子どもはとにかく「一番」が大好き。

◎「あ～パパが行っちゃった…追いつこう！」
先に出かけた人に追いつけ作戦。

◎「今ならまだ、○△が見られるかも！」
消防車、パトカー、近所の犬…外に子どもが好きなものがあれば、それで気を引く作戦。

『時間ってなに？ 流れるのは時？ それともわたしたち？』（クリストフ・ブトン・文、ジョシェン・ギャルネール・絵、伏見操・訳、岩崎書店）：過去は無理でも未来は変えられる。夢見る時間は大人にこそ必要。

おでこが熱い！ ふだんから気をつけたい子どもの急病への備え

子どもが元気なうちからできること

❶ 病児・病後保育室、登録してる？

病気中や、病気回復中の子どもを預かってくれます。自治体により利用できる施設も料金もさまざまなので、情報収集して事前登録を。病気の子どもをみてくれるベビーシッターサービスもあるので、元気なときに2～3時間利用して、感触を確かめておくと安心です。

全国病児保育協議会 www.byoujihoiku.net

全国病児保育協議会に加盟している施設が、都道府県別に検索できます。利用の際は、各施設へ詳細を問い合わせて。

KIDSLINE kidsline.me

病児・病後保育可のシッターさんが多数在籍。24時間オンラインで手配が可能なので、急な場合でも、条件を絞り込んで翌朝までに依頼することも。

フローレンス byojihoiku.florence.or.jp

当日朝8時までの依頼にも、自宅に保育スタッフを派遣してくれます。症状に応じて提携医師による往診も行っており、処方箋や登園許可証の発行も可能。

保育園から電話がかかってきたら、すぐに病児保育室に「念のため予約」を入れちゃうの。なかなか予約が入れられない場合もあるけど、「ダメもと」でいいから問い合わせるのを習慣化することから始めてみたら？ 緊急時に頼れる選択肢が1つでも増えると安心よ～
体調がよくなったり、パパかママが休みが取れて預ける必要がなくなったら、キャンセルの一報を忘れないでね。利用者の大事なマナーよ！

❷ 家族はチーム。連携してる？

即座に対処できるように、お互いの仕事の状況や休みが取りやすい時期などを把握しておきます。万が一のときの祖父母の協力もありがたいもの。「夫婦2人とも休めないときは、来てほしい」など、ふだんからコミュニケーションを取って、困ったときに頼れる関係性を作っておきます（134～135ページ参照）。

『どうぶつびょういん　おおいそがし』（シャロン・レンタ・さく、まえざわあきえ・やく、岩崎書店）：動物だって病気やけがをする。お医者さんに親しみが湧く病院の一日の物語。ひょう君の病気にびっくり。

❸ 子どもの予防接種、受け忘れてない？

予防接種の受け忘れはわりとよくあります。「怒られちゃう…」と脅えているママもいるのですが、誰も怒らないので安心して。保健センターや小児科でも、接種のリスケジュール方法を相談できます。予防接種で予防できる病気は、もしかかったら重症になったり後遺症を残したりすることもあるので、注意しましょう。

❹ 自分の予防接種、してる？

過労やストレスで出る帯状疱疹は、水ぼうそうワクチンで予防できます。一度かかった感染症に再びかかることもあるので、気になる場合はもう一度接種して。体調不良でも子どもは「ママ！」と濃厚接触してきます。自分が倒れないための予防接種も見直してみましょう。

- □ 風疹(ふうしん)・麻疹(ましん)・水ぼうそう：抗体が下がっていると二度かかる可能性あり
- □ 破傷風：子どもと土遊びする機会が多いときは検討してみても
- □ 日本脳炎：蚊の多い地域へ渡航する機会がある場合など（39ページも参照）

子どもは年に10回風邪を引く生き物

子どもの急病に気分が落ち込むママも多いもの。でも、「子どもは風邪を引いて当然！」という割りきりがあると、ちょっとラクになります。**ママからもらった抗体が生後5〜6か月でほぼなくなり**、その頃からいろいろなウイルスや細菌に感染し始めます。そうすると、自分で免疫を作らなくてはいけません。世界的に権威のある医学雑誌『Nelson Textbook of Pediatrics』によると、**人は生涯で100〜200回風邪を引く**そうですが、やはり小さいときほどその頻度は多いのです。乳幼児期は年に10回程度風邪を引きますから、ほぼ毎月です。でも、みんなそうやって大きくなります。風邪を引きやすい時期が終わる見通しは立てられませんが、年々徐々に回数は減っていきます。

子どもの風邪はママのせいじゃない

よく風邪を引く子と、そうでない子がいます。どうして？とその根拠を突き止めたくなりますが、**はっきりとした理由はわかりません**。弱い子も強い子もいます。生まれもった性質によるところもあります。子どもが風邪を引くと「薄着させたから…」「あのとき無理をさせたかしら…」と反省するママがいるのですが、**風邪はウイルスによる感染症ですから、ママのせいではありません**。寒い思いをさせたからという理由だけでかかるものではないんです。母親だからと、子どものすべてを背負い込まないようにしてくださいね。子どもは"風邪を引く生き物"ですから、**1つ引くごとに「また丈夫になってるね！」くらいのおおらかな気持ちで見守りましょう**。

『ぼく　びょうきじゃないよ』（角野栄子・さく、垂石眞子・え、福音館書店）：熱で布団に寝かされたケンのもとに大きなクマ先生が訪れる。"クマ式うがい"はまるで魔法の呪文のよう。

子どもの病気・病院へのかかり方Q&A

熱！ とあわてないでくださいね。
対処できることとできないこと、
しっかり分けておきましょう。

「発熱」って、具体的にどれくらいの熱のことですか？

A：平熱から1度高い、あるいは**37度5分以上が続くこと**を発熱といいます。薄着にしたり、涼しい所にいて測り直したら下がった場合は、発熱とはいいません。

季節ごとにいろんな感染症があります。暮らしの中で、どんなことに気をつければいいですか？

A：どの季節でも共通ですが、手洗い、うがい、十分な睡眠、バランスのとれた食事は大事です。**逆に、それくらいしかできることがない、ともいえます**。連休や長期休暇で遠出をする際は、旅程に余裕を持ち、休憩・授乳・おむつ替えができる場所を確認しておきましょう。

医療証があるせいか、病気になるとすぐに病院へ…が習慣になってしまいました。

A：ふつうの風邪だったら安静と休養が一番大事です。でも、病院に行って薬をもらえば風邪が治る、そう思っているママがわりといます。たとえば夜間の救急外来に駆け込んだところで、より早く治るわけではないですし、感染症なら治るまでにそれなりの時間もかかります。**子どもを家でゆっくりさせて一緒の時間を過ごすことも、大事な治療の1つなんですよ**。初めての子育てで不安だったり、明らかに重病なときは、もちろん、医療機関に行ってください。咳はしているけれどよく眠れている、下痢はしているけれど食事はとれているという場合は、少し家で様子をみてもいいでしょう。

『ねつでやすんでいるキミへ』（しりあがり寿、岩崎書店）：子どもが熱で休む日は、親子で過ごすちょっぴり特別な時間に。こんな日にこそ、ふだんなかなか言葉にできない子どもへの愛情を伝えたい。

家族の予防接種の記録がわからないのですが…

A：**1回多く接種することになっても問題ない場合がほとんどです**。わからなくて不安なら、医療機関や保健センターなどに相談して、接種し直しましょう。たとえその病気にかかっていなくても、有料になっても、接種したほうが病気の予防策になります。風疹は、妊娠中に抗体検査をした可能性が高い感染症です。カルテは5年くらい保存してあるはずなので、**妊婦健診を受けていた医療機関に抗体があるかどうかをたずねてみるといいでしょう**。
たとえば、蚊が媒介する日本脳炎は、5〜10年おきに接種したほうがいいといわれています。蚊が多い地域や養豚場の近くに住んでいる人、東南アジアに行く機会が多い人は接種し直しましょう。

もうすぐ保育園・幼稚園生活がスタートします。子どもの健康面でどんなことに配慮すればいいですか？

A：初めての集団生活は、慣れるまで親子で大変なこともあります。まず、健康面でいえば、**新しい環境には新しいウイルスや細菌がいるので、たくさん感染症にかかります**。毎月どころか、毎日調子が悪いということも。病児・病後保育室（36ページ参照）も調べて登録しておきましょう。
繰り返しになりますが、集団生活が始まる前には、予防接種の受け忘れがないか確認してください。
もう1つ大事なのが、家族との連携です。登園の準備や送迎が日課に加わります。子どものことで共有すべき情報を把握したり（116〜117ページ参照）、家事や登園準備の役割分担を決めるなど（120〜121ページ参照）、しっかり話し合っておきましょう。最初が肝心ですよ。

子どもの健康面で、保育所や保育士さんと、どのように連携すればいいですか？

A：**その子の健康にとってなにが大切かを、保育士さんたちと共有するようにしましょう**。子ども1人1人にとって注意しなければいけないところは本来違うはずですが、子どもが大勢いて保育士さんたちが把握しきれていない場合もあるかもしれません。
気管支ぜんそくがある、蚊に刺されたら腫れやすい、こんな食べ物にアレルギーがあるなど、子どもの体質や健康に関することで大事なことは、とくに強調して先生たちに伝えるように。発熱や病気のとらえ方に関して保育所でマニュアル化していたりすると、先生がそこから外れたことがなかなかできない場合もあります。そんなときは、同じ悩みを持っているママたちと連携して**園長先生などに相談するのも1つの手です**。

『とにかくさけんでにげるんだ』（ベティー・ボガホールド・作、安藤由紀・訳、河原まり子・絵、岩崎書店）：不審者からの逃げ方、助けの求め方などの具体策を紹介。防犯について子どもと話すきっかけに。

MORNING

あー、雨（おまけにウンチ）

「いってきます」直前の〝雨＆ウンチ〟の ダブルパンチを優雅にかわす

「また雨か…」とウンザリするより、「ようし、雨か、今日は朝からそうきたか！」と、気持ちを奮い立たせたいもの。雨の予報を確認したら、玄関に「雨の日のおでかけセット」を用意。かわいい収納ボックスに、ママと子どもの分を一式入れておいて、サッと取り出せるようにしておきます。

「雨の日のおでかけセット」チェックリスト

- ☑ レインコート
- ☑ レインブーツ
- ☑ 荷物の雨よけカバー
- ☑ 防水スプレー
- ☑ ぬれてもいい靴（レインブーツをイヤがるとき用）

ママのための備忘録

- ☑ 自転車の子どものいすにレインカバーかけた？
- ☑ 雨でもわりとOKな服？
- ☑ ママの服や靴にも防水スプレーかけた？
- ☑ レインブーツをはき替えるときの靴は用意した？

どんなに急いでいても、自転車のときは注意！

- ☑ 子どもの安全第一！　シートベルトとヘルメットOK？
- ☑ 転倒注意！　滑りやすいマンホール、点字ブロック、落ち葉はよける
- ☑ 急がば回れ！　交通量が多い道、危ない道は迂回する

ウンチも永遠には続かない！

赤ちゃんの一日のウンチ回数ですが、新生児は約15回、生後5～6か月で2～4回、1～2歳で1～3回。子どもとウンチは切っても切り離せないものということがよくわかります。雨＋ウンチは疲弊しますが、これも、かわいい我が子の健やかな成長の証。子どもにも「今してくれて、助かったよ！」と言葉をかけてあげて。ウンチのお世話も、2～3歳の頃には一日1～2回に。永遠には続かないと割りきれば乗り越えられます。

『あめ　ぽぽぽ』（東直子・作、木内達朗・画、くもん出版）：ぴち、ぱちゃ、ぽちょ、ぴとぴと、きらきら…雨の情景の美しさがリズミカルな言葉から伝わってくる。

雨の日だからこその楽しい登園＆おでかけ！

コツ1

ゆとりをもって歩く

よほどのどしゃぶりでない限り、いつもの倍くらいの余裕をみて、歩きででかけるのも勇気ひとつ。子どもと手をつないでゆっくり歩く時間は、雨の贈り物です。

コツ2

思いきってラクをする

あまりにしんどい雨のときは、徹底的にラクをする手段選びもアリです。車で行く、タクシーを使う、頼れる家族や祖父母、ベビーシッターにピンチヒッターを頼むなど。雨と戦わない選択肢もたまにはOK。

コツ3

いつもできないことをする

レインコートとレインブーツなら、水たまりでバシャバシャしても大丈夫。雨を体で受ける感触や、手すりの滴を指でつついたり、雨の音を聞くのも新鮮な体験です。「今日の雨、どんな音？」と子どもにたずねてみて。

コツ4

雨の日の歌、絵本を読む

童謡の『あめふり』『かたつむり』ほか、『あめふりくまのこ』『にじ』など、雨の日に思わず口ずさみたくなる歌を、子どもと一緒にふだんから歌ってみましょう。雨の日のワクワク感が伝わってくる絵本を読んでおくのも、雨の日を楽しむ事前準備になります。

コツ5

「雨天休業」にする

なんだか憂うつだな…と思ったら、思いきって「本日、休業」とするのもアリ。「雨だから…じゃあ、今日は休み！」宣言したら、ふってわいたママとの時間に子どももきっと喜びます。年に1回くらいは「雨の恵みホリデー」があってもいいのでは？

『雨，あめ』（ピーター・スピアー、評論社）：雨の日ならではの楽しみや発見、風景の美しさに気づける、文字のない絵本。雨の日の音やにおいを想像するきっかけにも。

圧倒的に「時間がない！」ママたちを救うこんなもの

ストレスを減らすお助け家電

乾燥機つき洗濯機

リアルママの声

「洗濯物を広げて干して…の手間が消えた」

タイマー機能で、仕上がりを早朝や帰宅時間に合わせてセットすれば、時間の節約効果バツグン。子どもと過ごす時間が増えます。雨の日のストレスがなくなり、天気に一喜一憂しなくなるのもありがたいこと。

電動アシスト自転車

リアルママの声

「まるで羽が生えたみたいな解放感」

漕ぎ出しラクチン、坂道もスイスイ、子ども＋荷物の送り迎えも、どっさりの買い物にも大活躍。バスや電車の時刻表に左右されず、交通費の節約にも。行動範囲がぐんと広がります。

コードレス掃除機

リアルママの声

「コードがないだけでこんなに便利なんて」

コードがない充電式の掃除機は、本当に便利。子どもがなにかこぼしても、立ったままパッと手に取り、サッとかけるだけでいいのでイライラも減ります。小回りもきくので、棚下のホコリも撃退できます。

ロボット掃除機

リアルママの声

「そうじ時間を短縮できた分、子どもと遊べるようになって大満足」

帰宅したら床がきれいになっていると、それだけでいい気分になります。ちょっと床が散らかっていても、外出する前にスイッチを入れておけば、それなりにきれいになっているので、そうじゼロよりはるかに満足度は高いです。

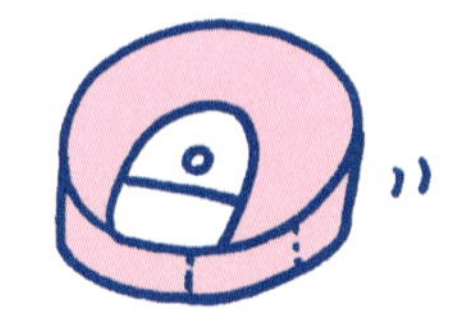

ボク、メカは好きだから、ママが「こんな家電ないかな～？」って言ってて、はりきって探しちゃったよ！

『スキップするように生きていきたい』（こやまこいこ、KADOKAWA）：夫と5歳の娘と3人で暮らす主人公ぴりこ。軽やかな夕飯の決め方にも癒される、あったかいエッセイ風コミック。

「どうしても苦手」は、お金で解決

ネットスーパーや食材宅配

献立と食材がセットされているので、なにを作るか迷うことがなくなります。献立のレパートリーを広げる練習と思って、試すのもアリです。

コインランドリー

長引く雨のときや、シーツやバスタオルなどの大きな洗濯物がたまったら、家でがんばって洗濯するより早くて気軽なときも。なかなか乾かない大物も、短時間でふかふかです。
コインランドリー総合サイトなら、近所のコインランドリーをカンタン検索できます。自宅から一番近い設備はもちろんのこと、かけ布団OKか、除菌できるか、駐車場はあるかなどの条件を入れて、絞り込むこともできます。

コインランドリー総合サイト
LAUNDRICH
www.coin-laundry.co.jp

入園グッズ制作代行サービス

布団カバーやシーツ、登園バッグ、うわばき袋など、入園時に必要なものの数々…。お裁縫が苦手だったりミシンがないときは、思いきって代行サービスを利用して。布地屋さんや手芸店で注文できるところもあります。

家事代行サービス

高いイメージがありますが、利用回数や時間を限定すれば、わりとリーズナブルな場合も。風呂場の鏡や排水口、ホコリや汚れがたまりやすい壁際やテーブル下など、ふだんそうじの行き届かないところをきれいにしてもらえると、心も晴れ晴れ。料金やスタッフ、サービス内容など、自分に合うところを見つけてみて。自宅所在地のシルバー人材センターでも、清掃、片づけ、食事作りなどの家事援助サービスを利用できるので、一度調べてみるのも。

全国シルバー人材センター事業協会
www.zsjc.or.jp

出張シェフサービス

たまには自宅でパーティーしたいけれど、食材の買い出し、準備、後片づけは大変。ホストもしながら楽しむのはそれなりに苦労も多いもの。そんなときは、出張シェフのサービスがおすすめです。食材費・出張費込みで1人約5,000円前後～というコスパの高さも魅力。和食、イタリアン、フレンチ、中華、ポルトガル料理など、料理の種類も豊富なうえ、後片づけまでしてくれるので、思う存分、料理やおしゃべりを楽しめます。

個人向けの出張シェフサービス「マイシェフ」
mychef.jp

『聡明な女は料理がうまい』（桐島洋子、アノニマ・スタジオ）：キリリとした言葉で綴られる料理論。読むと、凛とした気分で台所に立てる70年代の名作。

くり返し

第２幕

仕事だ！ 家事だ！

〜忙しい日中のあれこれをこなすゆるコツ〜

DAYTIME

どこに行くにも「ママ〜」で、ヘトヘト…

かわいいけどちょっとうんざりな「ママがいい！」の都合のいい訳し方

どんなにやさしくなだめても、パパがピンチヒッターを申し出ても、「ママがいい！」の雄叫びにはかなわない。とはいえ、毎日のこととなったら、ママにも覚悟が必要です。ちょっと参ったときは、こんな訳し方で受けとめて。

これが子どもの本音かも？

訳1「あなたがすべて！」

最愛の存在にこんなふうに言われたら、クラッときちゃう。

訳2「ほかにはなんにもいらないの！」

今この瞬間だけは、我が子にとって世界でオンリーワンのおもちゃになってあげましょう。

訳3「今だけは、私（ボク）を見て！」

とりあえず、「あと５分だけ」と割りきって、ほかのことをシャットアウトします。

子どもと過ごす時間は

子どもがぐずったり、てんやわんやの日常でしんどさを感じたりする一番の理由は、終わりが見えないこと、ではないでしょうか。出口の見えないトンネルを歩いているような気分になると、疲れもストレスも倍増します。

そんなときは、一度、子どもの成長を振り返ってみるといいかもしれません。

『どんどこ ももんちゃん』（とよたかずひこ、童心社）：どんどこ走り続けるももんちゃん。障害物もなんのその。脇目もふらずももんちゃんが目指すものとは…？　ももんちゃんのいじらしさに、じんとくる。

訳4 「1人にしないで！」

自分が置き去りにされたら…？　と想像して、気持ちを落ち着かせるように受けとめてあげて。

訳5 「ただそばにいて！」

抱きしめるだけで、ただそばにいるだけで、誰かを落ち着かせることができる。なかなかできることじゃありません。ママは、子育て期間限定の“万能な存在”なんです。

成長を確認するために「3年日記」（216ページ参照）を読み返したり、1か月前、半年前の我が子と比較してちょっぴりでも成長がわかれば、前進していることが感じられます。ちょっと前のことを振り返るのは、こんなときにとても有効です。子どもが座り続けた膝や、よりかかってきた背中が、いつのまにか寂しくなってた…なんて日は、そんなに遠くないかもしれません。

『いっさいはん』（minchi、岩崎書店）：なかなか手強い「1歳半の子ども」の仕草や行動を集めた絵本。なにかと手がかかるけれど、やっぱりかわいいなぁと、クスリ笑える。

DAYTIME

年々、増えていくばかり

全部とってはおけないし…

増殖する子どものモノ、どうする？

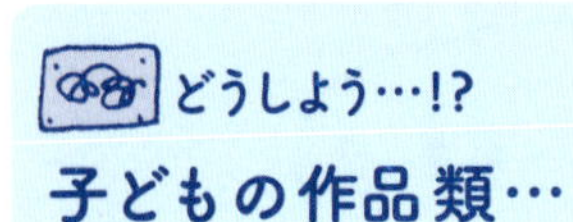

コツ1

展示スペース確保

せっかくの子どもの力作も、そこらじゅうに放っておくとゴミみたいな印象に。たとえば、リビング、寝室、廊下、トイレなど、場所を決めて作品展示専用のスペースを用意します。子どもの作品は、とりあえずそこにペタペタ！　こうすれば、一つひとつの作品が大事にされた印象になります。

コツ2

処分するタイミングを年度末に恒例化

会社の経理同様、進級、新学期直前の年度末を、作品総決算の節目とします。「これ、いる？」と子どもにも確認して、「もういい」と言ったら、サヨナラするのを習慣に。

コツ3

1年1つ、"保管ボックス"用意

展示スペースに貼りきれなくなったら、いらないものは処分。まだ処分できないものは、とりあえず保管ボックスを用意してそこへ収納。ジッパーつきの大きめの袋だとバラバラにならずに、きれいに保管できます。1年につき1袋と決めて保存します。

Q：保存しにくい大きな作品は…？

子どもと一緒に記念撮影してから処分。何歳のときの作品なのかの記録にも。

『ビロードのうさぎ』（マージェリィ・W・ビアンコ・原作、酒井駒子・絵・抄訳、ブロンズ新社）：たくさん愛されたおもちゃには、いずれ本物の魂が宿る。捨てられないおもちゃへの見方が、ちょっぴり変わる。

子どものモノを増やさないコツ

おもちゃは買わない

おもちゃのプレゼントは贈り主の想いを受けとめて、ありがたくいただきます。でも、親自身はいっさい買い与えないというルールで、増殖するおもちゃの歯止めに。

自分専用ボックスを用意

「大事なものはすべてココに!」というフタつきのボックスを用意します。収納できる分だけを持つために、フタがしまらなくなったら整理して。

オマケや景品に要注意

オマケつきのお菓子類は買わない。ファストフード店の景品はもらわない。これだけでも増殖は防げます。こまごましたおもちゃは極力買わない、もらわない、を習慣に。

本物を使う

たとえば、おもちゃのおままごとセットは、ある程度大きくなったら無用の長物。あまり使っていない本物のお椀、おたま、ボウル、カトラリー類で十分です。「子ども用」と冠がついた商品の即買いは、要注意。

ジャストシーズン&ジャストサイズが買いどき

ちょうどいい季節に、ちょうどいいサイズを買って、着たおす! 先を見越して買っても、季節やサイズが微妙にずれると着るタイミングを逃して、サイズアウト…なんて残念なことに。

どうしよう…!? 子どもの衣類

コツ1

"迷った衣類ボックス"用意

捨てるかとっておくか迷った服は、それ専用のボックスを用意。見えるところにしばらく出しておいて、いるかどうかを見極められる場とします。

コツ2

処分ルートを決めておく

まだ着られるから捨てるのはちょっと…そんなときは、ネットオークション、バザー、リサイクルショップを利用します。自治体で定期的に回収している地域もあるので、市区町村の役所に問い合わせてみても。また、年下の子どもを持つ人へ、譲れるものはどんどん譲ります。

コツ3

"ほしい方どうぞスペース"用意

衣類に限らず、いらないCD、雑誌、本、小物などは、玄関に「ご自由に、どうぞ」というスペースを作って、そこへ。遊びに来た人にもらってもらうという手もアリ。

Q:懐かしすぎて手放せないのですが…

本当に愛着のあるものは、きれいに洗濯して保管します。圧縮袋に入れるとコンパクトに。1箱だけ、思い出ボックスを用意して、ほかのいろんな懐しい品と一緒に、いつか子どもに手渡せるようにしても。

『捨てる女』(内澤旬子、朝日文庫):溜め込む体質の著者が、病気を機に捨てるスイッチオン! 暮らしも人生も変わっていく様が興味深いエッセイ。捨てリバウンドには要注意。

アレがない！ コレどこ？ を減らしたい…

家族みんなのタイムロスを減らす 収納＆片づけのコツ4

よく使うものは「動詞」に置換

必要なときに見つからないとイラッとする家族共有スペースのこまごまとしたもの。それぞれの用途を「動詞」に置き換えて収納すると、子どもでも探しやすくなります。引きだしには「書く」「切る」などとラベリング。

- □ボールペン
- □マジックペン
- □えんぴつ

切る

- □はさみ
- □カッター
- □爪切り

貼る

- □のり
- □ボンド
- □セロハンテープ
- □マスキングテープ
- □両面テープ
- □ガムテープ

- □画びょう
- □安全ピン
- □クリップ
- □ホチキス

- □定規
- □ものさし
- □巻き尺

- □シール
- □マグネット

よく使うものは、各部屋に1つ用意

ティッシュペーパー、はさみ、ガムテープなど、使用頻度の高いアイテムは、各部屋に1つ用意。探す手間が省けます。ブラ～リ収納（99ページ参照）もおすすめです。

よく使うものには、名前を贈呈

スマホや電動アシスト自転車の充電器、ハンドクリーム、テレビのリモコンなど、暮らしに欠かせないけどなおざりな扱いのものには、名前をつけてみませんか？ 「ミミちゃん（スマホ）、どこ？」「はい、ポチ（リモコン）！」なんて具合に。命名すると、なんとなく所定の場所にちゃんと置きたくなるものです。

『正しい目玉焼きの作り方』（森下えみこ・イラスト、毎田祥子・井出杏海・木村由依・クライ・ムキ・監修、河出書房新社）：片づけ、料理…家庭科で習う生活力の基本を紹介。子どもに教える前におさらいしておきたい。

コツ4 紙類こそ、放置禁止！

家にある紙類は、提出期限があったりして、いざというときに見つからないと困るものばかり。ちょい置き禁止のルールで、種類別に整理する習慣を。探し物のタイムロスを防げます。

高 主な家の中の紙類と重要度 低

一定期間保管する重要なもの

- 税金や保険関連の通知
- レシートや領収書

【袋づめ収納】

一定期間とっておくものは、「2018年5月」と年月を記して封筒へ。

わりと重要だけどたまにしか見ない

- 家電や電子機器の取扱説明書

【ポケットファイル収納】

大きめのポケットファイルに、1ポケット1種類のルールで。

一時的に重要だけど、期限が過ぎたら不要

- 保育園や幼稚園、町内会などのお知らせ
- 支払い期限のある請求書など

【貼る収納】

提出期限、支払い期限のあるものや頻繁に見なければいけないものは、目につくところに「チェックボード」を用意。

プリント類は転記して、その場で捨てる

保育園や幼稚園、町内会などのお知らせは、しまったが最後二度と見ない…ということも。もらったその日のうちに家族共有カレンダーや自分の手帳に書き込む習慣を。

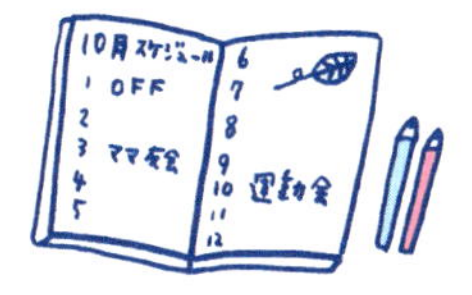

そんなに重要じゃないけど、一時的に保管しておきたい

- スーパーや店のチラシ、ショップカード、気になった雑誌や新聞の記事

【クリアファイル収納】

趣味別、仕事別、料理別…というように、クリアファイルに収納。種類ごとに色を決めておくと、見分けやすくなります。

使いやすいと家は快適になる

1 よく使う場所はどこ？

よく使うものは「どこでよく使うか」の見極めが大事。たとえば、パパは着替えも身支度もリビングで…という場合は、パパ専用ボックスがあれば、ぬぎっぱなしを防げます。

2 ちょうどいい高さ？

子どもがよく使うものは、子どもの目線と手の届く高さに収納するように見直します。触ってほしくないものは高めの所に移動です。

3 引き出しやボックス、重すぎない？

重すぎて動かしにくいと、ストレスに。大人が出し入れしにくいものは、子どもにとっても使いにくいもの。中身を減らしたり、引き出しやすい収納に変える工夫を。

『もっと知りたい　無印良品の収納』（本多さおり、KADOKAWA）：元・無印良品スタッフの著者が教える、無印グッズのフル活用法。すぐに真似したくなるアイデアが満載。

DAYTIME

おっくうだけど清潔はキープしたい

トイレ、台所、お風呂
水まわりのそうじが辛くならない方法

水まわりそうじは、一日1回、1分でいい！

水あかは、たまりすぎるとちょっとのそうじではとれません。言い換えれば、しっかりそうじしなくても、つまみ食い感覚の"ちょこっとそうじ"ができればいいんです。

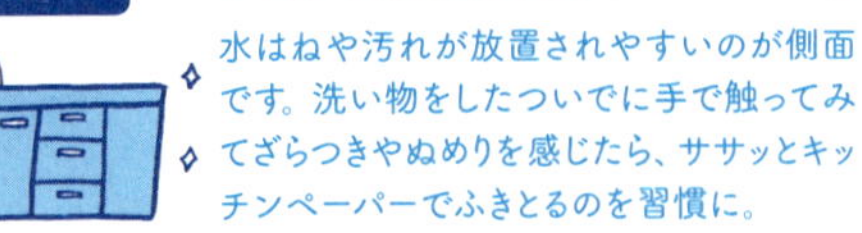

シンクの側面はキッチンペーパーで

水はねや汚れが放置されやすいのが側面です。洗い物をしたついでに手で触ってみてざらつきやぬめりを感じたら、ササッとキッチンペーパーでふきとるのを習慣に。

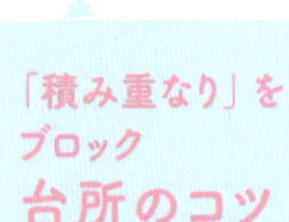

「積み重なり」をブロック
台所のコツ

かさばるプラスチックゴミは、小さく切る

子どもに遊び感覚でちょきちょきしてもらっても。
※かたい容器は手のけがに注意してください。

排水口は、泡の漂白剤でスッキリ

ぬめりが辛い排水口。でも、泡の漂白剤をかけておけば、手で触らなくても短時間でスッキリ。

野菜は洗う前に皮をむく

湿った生ゴミは、においの原因。野菜は洗う前に皮むきすれば、水気を減らせます。

便器→上ぶた→床の順に、ササッでOK

たった1回の「ごしごし」が、トイレの水あか予防になります。ブラシで便器の全面をこすったら、トイレットペーパーで便座の上ぶたから内側にかけて汚れの少ない所から順番に。最後は床を。

トイレそうじをしやすくするコツ

トイレマットは敷かない

なんとなく慣習として敷いている…という人もいるのでは？　アイテムを減らせば、そうじもラクになります。

使ったときに気になるとこだけ

使ったときがそうじどきです。今日は「床だけ」「便器だけ」と細切れにそうじするクセをつけると、ハードルが下がります。

『しない家事』（マキ、すばる舎）：「当たり前」のことをしなくても暮らしは回っていく。自分にとっての心地よさ、幸せはなにか、考えさせてくれる家事エッセイ。

風呂場

シャワーの後こそ、そうじどき

カビを予防するには、水分をできるだけなくすこと。まず、ブラシで排水口へ水滴を集めて、ふきんで水分をふきとります。扉のパッキンや四隅もササッとふいておきます。

洗面所

ティッシュで毎日ちょこっと

歯みがきや洗顔のついでに、ティッシュで洗面台や蛇口の水分をふきとります。

「ぬめぬめ」を見ないですむコツ

アイテムを減らす

おもちゃ、シャンプーボトルなど、めったに使わないけど置きっぱなしのものは撤去。ものが少なくなれば、ぬめぬめも最小限に。

お風呂のフタをなくす

面積を取るお風呂のフタ。家族が入浴する時間がある程度まとまっているなら、フタそのものを撤去しても。ただし、転落事故防止のため、フタを撤去したら、入浴後の水抜きも忘れずに。

引っかけ収納に

シャンプーのボトルをじか置きから引っかけ収納にするだけで、ぬめぬめとサヨナラ。カミソリや歯ブラシなども、小さなカゴに入れてつるして収納すると、水切れも◎。

使う頻度が多い家電、こんなところ大丈夫?

電子レンジ

1回使うごとにひとふき

温かいうちにぬれぶきんやキッチンペーパーでふくと、汚れも落ちやすいです。丸皿や内部全体もきれいに。壁面や天井にも油分がとびちっています。

冷蔵庫

ガラ〜ンなときがそうじどき

野菜が減ってきたな〜、スカスカだな〜と感じたときがそうじどきです。容器やトレイを取り出して丸洗いしてもいいし、めんどうなら、ぬらしたキッチンペーパーでふくだけでも。

「気がついたら、汚れてた…」をなくすコツ

じか置きはしない

調味料、お茶ボトルなどの下には、キッチンペーパーを。交換とふきそうじをセットにしておくのが、きれいをキープするコツです。

根菜類は専用の紙袋に

じゃがいも、にんじん、玉ねぎなどは、専用の紙袋に収納。泥や皮で冷蔵庫が汚れません。使う頻度が高い野菜類なので、専用袋を決めておけば「なくなったら補充」という目安にも。

『せんたくかあちゃん』(さとうわきこ、福音館書店):たくましい腕と使い込んだ洗濯板で、なんでも洗っちゃう洗濯大好きのかあちゃん。かあちゃんにゴシゴシされたら心まですかっとしそう!

DAYTIME

職場の目、どう変わるかな…？

今まで以上に仕事を良好にしたい

職場でのふるまい、心がけ

“仕事プラス育児の毎日”は、大変なことばかり。とはいえ「子どもがいるから」ということを理由に仕事の成果は落としたくないし、今まで以上に活躍したいもの。そんなときは、地味だけれどこんな小さな心がけを。「あれ、前よりも、なんかすごい!」と、いつしか周囲の評価も変わります。

今日から新人！の心意気で

世の中の変化はすさまじいもの。育休前の知識や経験にしがみつかず、なんでも「改めて教えてください」の謙虚な姿勢を忘れずに。

ココ!

子どもの話は控えめに

とくに第一子の復職後はすべてが初体験で、自分のことをたくさん話したくなることもあるかもしれません。でも、相手や場所に注意して、仕事場では「ママ」はいったんお休み。

ココ!

頭の中もデスクまわりもスッキリ

常に整理整頓。子どもはいつ体調不良になるかわかりません。「急に早退」となったときでもあわてないよう、やるべきことや仕事の指示が、誰にでもわかるようにしておきます（58～59ページ参照）。

「ありがとう」はおしみなく

子どものことで早退や欠勤をして周囲にフォローしてもらったら、後でメールする、翌日お礼の言葉を伝えるなど、子どもの分もたっぷり感謝を伝えて（59ページ参照）。

『三国志（全30巻）』（横山光輝、潮漫画文庫）：裏切り、信頼、謀略、理想…。波乱の時代で生き抜く、人間たちの壮大なドラマ。平和に感謝する気持ちにもなるマンガ。

周囲を味方にして気持ちよく働こう

ココ!

いつも笑顔

時短で勤務時間に制約があっても、子どもの急病で早退や欠勤があっても、笑顔でてきぱきと与えられた仕事をこなす姿は美しいもの。疲れているときこそ、口角を上げると、自分も元気になります。

ココ!

5分前行動を徹底

出社時間、会議、打ち合わせ…ちょっぴり余裕を持って臨んで。以前にも増してきちんとした姿に「大人のゆとり?」と周囲が一目置くかも。これを機にドタバタ感とはサヨナラです。

ココ!

自分の希望をさりげなく知らせておく

「とにかく家庭を優先したい」だと、単なるわがままと受けとめる人も。「仕事では、こんなことをやっていきたい」と、あくまで自分が希望する仕事について、ふだんから上司や同僚に話しておきましょう。限られた時間で少しでも自分の希望が叶えば、仕事はより充実します。長い目で見たら、やりたくない仕事に割く時間を減らせます。

ココ!

会社の制度、福利厚生などを再確認

出産を機に考える機会が必ずあるはずですが、意外と知らないことも多いのでは? 会社員ママの場合は、会社の制度を熟知したうえで、今後のキャリアを見すえておくと、「今はこういう時期」と割りきって、目の前の仕事に集中できます。

『オトナ女子の気くばり帳』(気くばり調査委員会・編、サンクチュアリ出版):無理せず、媚びずに、自然とまわりに気が利く人になるコツが満載。かわいいイラストにもほっこり。

DAYTIME

今日も終わらない…
キャパオーバーに歯止めをかける仕事見直しの6つのチェック

ママと時間は永遠のテーマ！
時間捻出のポイントはココ

子育てしながら仕事をしていると、以前にも増して、仕事の効率を意識します。ささいなことの積み重ねで、時間は捻出できるもの。「やってもやっても、終わらないジレンマ」にとらわれたら、ママ時間を脅かすこんなところを見直してみませんか？

CHECK 1

人に頼んでいる間に自分の仕事を

仕事の仕分けは、一番急ぎのものから！　優先順位を決めてから、スケジュールを逆算します。関係者に依頼する❷❸を早く済ませておけば、待っている時間を❹に充てられ、仕事効率◎。周囲の確認が必要な仕事は、前倒しして提出の習慣を。午前中に出せば、退社までに確認の時間も取れ、今日の案件を翌日に持ち越すことなくスッキリです。

ランク❶：急ぎの仕事
ランク❷：社外の関係者が多い仕事
ランク❸：社内の関係者が多い仕事
ランク❹：1人でできる仕事

誰かと一緒の作業があれば、役割を周囲の人にわかるよう共有しておいて。なにかあったときに自分だけで対応しなくて済みます。

CHECK 2

周囲のペースに巻き込まれてない？

上司がなかなかつかまらないと、決裁が取れず待つことに。忙しい上司相手のときは、帰社時間、話をしやすいタイミングを要確認。「先方が返事を待っているので…」と、会話の中でそれとなく返事を促すことも大事です。仕事が遅れて困るのは会社。遠慮しないで催促しましょう。

『はやくはやくっていわないで』（益田ミリ・作、平澤一平・絵、ミシマ社）：「おさないで」とごちる小舟は、がんばる誰かの化身のよう。自分も子どもも急き立ててばかり…と感じたら、この本を開いて小休止。

CHECK 3

肝心のところでミスしてない？

内容次第では、自分や会社の信用問題にも発展します。大なり小なりミスは起こります。ノーミスを目指すより、致命的なミスだけは回避することに力を注ぎます。

ランク❶：会社の信用にかかわること
ランク❷：金銭にかかわること
ランク❸：自分の信用にかかわること
ランク❹：後日訂正すれば済むこと
ランク❺：口頭で説明すれば済むこと

ランク❶❷❸のミスを回避するには、ダブルチェックする人を充てる、一日おいて再チェックするなど仕組みを整えて。

CHECK 4

不必要な手間暇かけてない？

当たり前のようにやっていることを見直してみると、目的がはっきりしないこと、なくても困らないことが見つかります。一度、「それ、本当に必要？」という視点で棚卸ししてみると、仕事の贅肉をそぎ落とせます。

- □ 丁寧なメール⇒相手を選んで限定的に。メールは簡潔が好まれることも
- □ FAXの送り状⇒よく送る相手や個人なら不要
- □ 請求書⇒出力せずに、すべてPDFで送信
- □ なにかを決めること⇒自分で決めていいことは、人に確認を細かく取りすぎない

週1もしくは月1オンリーで、がっつり仕事する残業デー！を決めておくのも、メリハリができていいかもね〜

CHECK 5

あれもこれもの欲張り精神になってない？

そのスケジュール、パンパンじゃないでしょうか？　子どもの急病などで思うように仕事が進まなくなることも想定して、常に、腹八分目くらいのスケジュールをイメージしておきましょう。

CHECK 6

まわりの人から“所在不明”になってない？

自分の所在をこまめに知らせていますか？　たとえば、社外の関係者には、自分が不在の時間帯を知らせておきます。急ぎのメールをもらっても対処できなければ、時間の無駄。裏を返せば、しかるべきタイミングで連絡が取れれば、仕事も滞りなく進みます。

📖 『なぜ、あなたの仕事は終わらないのか』（中島聡、文響社）：「一度も納期に遅れたことがない男」元マイクロソフト伝説のプログラマーが教える時間術。ママの時間管理にも役立つはず。

保育園からお迎えコール

共有と分散を駆使して 急な早退&休みでもあわてない工夫

“共有”と“分散”がカギ！

共有棚や本棚の写真を撮っておく

万が一、家にいて会社の人に指示を出すとき、写真を貼付して「赤いファイルです」と伝えればスムーズです。

作業中の書類は デスクの上か共有棚に

自分のデスクにしまい込むと、会社の人に見てもらいたいときに、めんどうです。現在進行中の大事な書類は、すべてパッと目のつくところに置いておきましょう。

共有サーバがあれば最新情報をアップ

「7月11日。A社の営業のカバタさんに、見積書に質問を書いて返答済み。以下、確認用の見積書のPDFです」というように。完成度や進捗を常にアップしておけば、会社に不在でも仕事が更新されていることがわかります。

順調なときから仕事内容を報告

トラブル時はもちろんですが、ふだんから進捗を伝えておけば、不在時に対応する上司や同僚の安心感が違います。急な早退や休みの場合も、イチからすべて説明する必要がありません。

『会議でスマートに見せる100の方法』（サラ・クーパー・著、ビジネスあるある研究会・訳、早川書房）：「デキる人っぽいふるまい」を集めたユーモア本。かなりじわっと笑えるので、仕事の息抜きに。

よく使うデータは、家でも見られるようにしておく

よく使う重要データはGoogleDriveなどのオンラインフォルダに入れておき、家でも仕事が滞らないよう情報を分散させておきます（社外持ち出し禁止の場合は、要注意）。最近は、パソコンの本体をノートPCにして、会社では液晶画面とキーボード、マウスに接続して使うという会社もあります。これだと、ノートPCを持って帰るだけで、会社PCと同じ環境に。

不在時に対応する人を決めておく

不在時に対応する人を決めておけば、情報も一本化できて安心です。その際、連絡手段はメールか電話か、とりあえず対応だけしてもらって後で折り返すのかなど、手順も決めておきましょう。

仕事時間&作業を細切れに

子どもの世話でまとまった時間が取れないときは、仕事時間と作業そのものをダウンサイジング。子どもが寝た瞬間から10分限定でメール返信する、資料は見出しだけ読む、気になったアイデアだけ箇条書きするなど、短時間の集中をつなぎ合わせればそこそこの成果を得られます。急な休みの後のしわ寄せに備えて、“自分のための充電日”と割りきる潔さも、回り回って、仕事の能率アップになります。

職場の仲間を味方につける!

フォローしてもらったら「すみません」より「ありがとう」

急な早退や休みには、なんとなく罪悪感や後ろめたさがつきものです。そのため、「すみません」「申し訳なかったです」の言葉が先に出てしまうことも。謙虚さは大事ですが、フォローした側としては、恐縮されるよりも感謝されたほうが、気持ちがいいものです。「田中さんが対応してくれたおかげで、先方に迷惑をかけずに済みました。ありがとうございました」「課長が共有ファイルで確認してくれたおかげで助かりました。迅速で適確な対応、ありがとうございました」というように。相手の働きを具体的に伝えると、感謝がもっと伝わります。

『世界でいちばん貧しい大統領からきみへ』（くさばよしみ・編、田口実千代・絵、汐文社）：奪われてゆく時間に気づかせてくれる、元ウルグアイ大統領の言葉。人生も子育てもゆっくり味わいたいときのヒントに。

今日はこれ以上、仕事は無理…

時短でも軽やかに お迎え時間を死守する防波堤作り

雑談を通して、お迎え時間をインプット

子どもの話は最低限にしたいものですが、必要に応じて、周囲に知っておいてもらいたいことは、雑談に織り交ぜて話しておきます。たとえば「子どものお迎え時間が6時であること」「ほかに頼める家族がいないので自分が必ず行かなければならないこと」など。知っていれば「あ、もうこの時間だから、仕事はふれないな」と、相手もあきらめがつきます。なにげない会話の積み重ねが実を結ぶのは、こんなときです。

明日、くわしく聞きたいと伝える

想定外の仕事をふられると、ただでさえ残業できないママには大変な負担です。イラッとした気持ちはいったん封じ込めて、「延長保育ができないので、あと30分で保育園に行かないといけません。すぐには取りかかれないですが、それでもよろしいですか？」「明日くわしくお話を聞かせていただいてもよろしいですか？」など、〈保育園事情＋代替案〉を伝えます。何度も根気よく繰り返すうちに、ぎりぎりのスケジュールで頼まれることも減ってきます。

『今日の人生』（益田ミリ、ミシマ社）：悲しいこと。苛立つこと。クスッとしたこと。この本を読むと、自分のどんな感情も、人生の小さな大事件として、尊く思えてくる。

3 優先度の高い仕事があることをやんわり伝える

今作業中のものが最優先事項であることを伝えます。たとえば、「今、部長から急ぎの書類を頼まれていて、4時までに渡さないといけないんです」というように。ここまで具体的だと、相手も「じゃ、無理だね」となります。

4 デメリットを伝える

ふられ仕事は、たいがい誰にでもできることが多いもの。「それ、私がやらなくてもいいんじゃ…?」と思ったら、その仕事を受けた場合のデメリットも伝えたうえで、相手に判断してもらいます。たとえば、「その仕事を受けると、○○の作業が後まわしになってしまいますが、大丈夫ですか?」というように。

5 締め切りをリマインド

締め切りが遅れるしわ寄せは、帰社時間に直結します。ちょっと危なそうな相手には、本当の締め切りの2、3日前を伝える、締め切り日を際立たせたメモを添える、前日に口頭でも伝える…これくらいこまめなリマインドを。めんどうでも、自分を守るためだと思ってあきらめないで。

6 誰かに間に入ってもらう

相手の役職や年齢次第では、断りにくいこともあります。そんなときは、直属の上司に相談です。自分で解決できないことでも、上司から伝えてもらうことで、すんなり解決することもあります。そのためにも、ふだんから直属の上司には自分の環境を伝えて、信頼関係を築いておいて。

『105にんの すてきな しごと』(カーラ・カスキン・文、マーク・シーモント・絵、なかがわちひろ・訳、あすなろ書房):ある1つの仕事に向かう105人の"仕事前の表情"が味わい深い1冊。

DAYTIME

がんばってるのに、なんか、空回りな一日…

イヤなことやミスで落ち込んだとき 元気を満タンにするコツ

イヤなことがあるから喜びを尊べる
クスン…
トンネルー

コツ1　**子どもの写真を見る**

仕事以上に大切なものがあることに気づけると、ささいなことがどうでもよくなってきます。とくに生まれたての頃の写真を見ると、瞬時に時間が逆回しに。お守り代わりに、携帯や手帳にしのばせておいて。がんばってきたこれまでの自分と向き合えるような気分になれます（ただし、あんまり見すぎるとセンチメンタルになってしまうので、気をつけて！）。

コツ2　**ちょっとだけ、泣く**

あらゆることにおいて、自分を後まわしにしていませんか？子どもにまつわることに必死な間は、気持ちがずっーと張りつめたまま。寝かしつけたら内省する間もなく寝落ちして、夜明けとともに、再び闘い（…一体なにと!?）。がつんと落ち込むのはそんな緊張の糸が切れるとき。「もうダメ」と思ったら、泣きましょう。

コツ3　**明日の楽しみを1つ考える**

物理的な力で、気分を変えましょう。うまくいかなかった日は、明日楽しいことを「起こす」計画を立てるんです。ずっと気になっていたお店に食べに行ってみるとか、ちょっと高いなと思って我慢していたカフェのドリンクを買ってみるとか。仲のいい同僚にお菓子をプレゼントしてみるのもいいですね。人の喜ぶ顔を見るのは、自分をハッピーにする特効薬です。

『女子の働き方』（永田潤子、文響社）：自分本位で楽しく、男社会を生き抜くコツ満載。「迷ったら、やってみるべき」「できないのは、やらないだけ」の言葉も響く。仕事や暮らしに物足りなさを感じたら。

くよくよモードをキリカエ！

ママスイッチを入れるコツ

SWITCH

すべての電源をオフ

携帯、スマホ、パソコンは、自ら電源をオフ。仕事に関連するものは目に入れないようにします。少し時間や距離を置けば、気持ちがスッキリしたり、どうにかなるかも…という達観も生まれます。

SWITCH

エプロンをつける

これをつけたらママスイッチオン！　というアイテムを作ります。たとえば、とっておきのエプロン。親子でおそろいにするのも素敵です。ごはん気分も盛り上がります（82～83ページ参照）。

SWITCH 3 ON

親子で「おつかれさま」の合言葉を

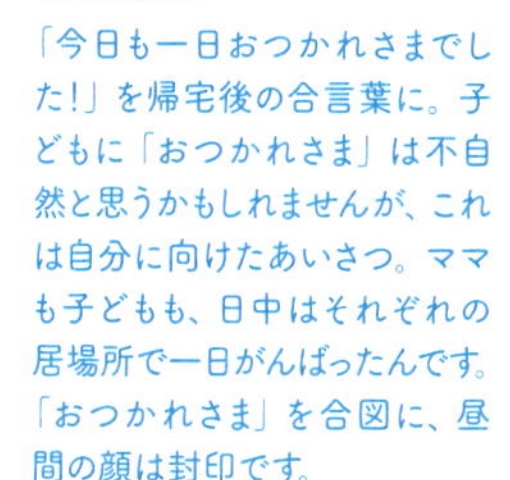

「今日も一日おつかれさまでした！」を帰宅後の合言葉に。子どもに「おつかれさま」は不自然と思うかもしれませんが、これは自分に向けたあいさつ。ママも子どもも、日中はそれぞれの居場所で一日がんばったんです。「おつかれさま」を合図に、昼間の顔は封印です。

SWITCH

子どもに頭や背中をなでてもらう

小さな手で、背中や腰をさすってもらったり、なんとなく寄り添っているだけで「あ、なんか、幸せ」って、気分になります。仕事のもやもや、あらゆる疲れも一気に吹き飛びます。

SWITCH

子どもにちょっぴりグチる

本気でグチるのではなくて、「私ね、今日は元気ないの」と素直にぼやきます。子どもは子どもの感覚でママの元気のなさを察知します。たまにはママもしょんぼりする。子どもにそういう顔を見せるときがあってもいいはずです。励ましの言葉が返ってきたら、瞬時にママの顔に戻れます。

『いってらっしゃい　おかえりなさい』（クリスティーヌ・ルーミス・文、たかばやしまり・絵、まえざわあきえ・訳、朔北社）：一日やることをやったら、早く家族の待つ家へ帰ろう。帰路の足どりが駆け足になりそうな物語。

DAYTIME

仕事中心のママ編

私、このままでいいのかな…？

ふと湧き起こる「たられば」への対処法

仕事をしているときに、帰宅途中に、
ふと湧き起こる「たられば」の数々…
ちょっと別の角度から考え直してみませんか？

仕事をしていなかったら…

こんなに毎日、忙しくなかった？

⇒それじゃあ、仕事をしていなかったら
毎日どんな暮らしになっていた？

『女の子が生きていくときに、覚えていてほしいこと』（西原理恵子、角川書店）：今の時代の女子がこれから生き抜くために。著者の人生から紡ぎ出される説得力が半端ない。

「たられば」を払拭する視点

現状維持こそ幸せ

作物を育てるときに最も望ましい状態は、"現状維持"なのだとか。今年と同じように来年も収穫できたら、それが理想なのだそうです。要は、現状維持こそがありがたいということ。忙しくて「今」を存分に味わえなくなると、ここにはないなにかを求めがちになります。一日5分でもいいので、「考えない」「計画しない」時間を作ってみませんか? 一度無の時間に浸ると、今のよさに気づけるかもしれません。

子ども目線で理想のママ像を想像してみる

自分の決断が揺らぐのは、知らず知らずのうちに、周囲からの影響を受けているときでは? 「やはりママは家にいたほうがいいよ」「仕事と育児の両立は大変でしょ」など。そんなときは、"将来子どもにどんなママだったと言ってほしいか"という視点で、理想の自分を想像してみませんか? 「いつも忙しそうにしてたけど、ママはがんばってた」そんなふうに言ってもらいたいなら今のままでよし。逆にそれ以外のママ像が浮かぶときは、別の選択肢を具体的に考えてみて。

仕事の面白さを見つめてみる

あなたが仕事を続けている理由。経済面もあるかもしれませんが、やはりなにか、「面白い」と思う点があるからでは? 「コツコツ資料を作っている時間が楽しい」とか、「職場で人間観察できるのが楽しい」とか、いろいろ出てくると思います。仕事をしているからこそ味わえる面白さに、目を向けてみましょう。

仕事をしていなかったら…

もっと子どもと一緒にいられた?

⇒あと何時間一緒にいたら、満足できる?
自分だけじゃなくて、子どももそれを望んでる?

仕事をしていなかったら…

ごはんやおやつにもっと手をかけられた?

⇒手作りが本当にベスト?

仕事をしていなかったら…

子どもは幼稚園に行けた?

⇒幼稚園に行ったほうがよかったとしたら、それは、なぜ?

『かあさんの暮らしマネジメント』(一田憲子、SBクリエイティブ):8人の働くお母さんが実践する、ラクにかつ楽しく暮らしをまわすアイデアは、今すぐ真似したいものばかり。

家事・育児中心のママ編

私、このままでいいのかな…？

ふと湧き起こる「たらればへの対処法

育児や家事の途中に、ふと湧き起こる「たられば」の数々…ちょっと別の角度から考え直してみませんか？

仕事をしていたら…

もっと充実してた？

⇒あなたにとっての“充実”って、なんですか？　具体的に言えますか？

『すごいお母さん、EUの大統領に会う』（尾崎美恵、文藝春秋）：夢をあきらめなかった一専業主婦が、EU大統領に会うまでの軌跡。「走りだすきっかけは何でもいい」という言葉に勇気と希望が湧いてくる。

「たらればを」払拭する視点

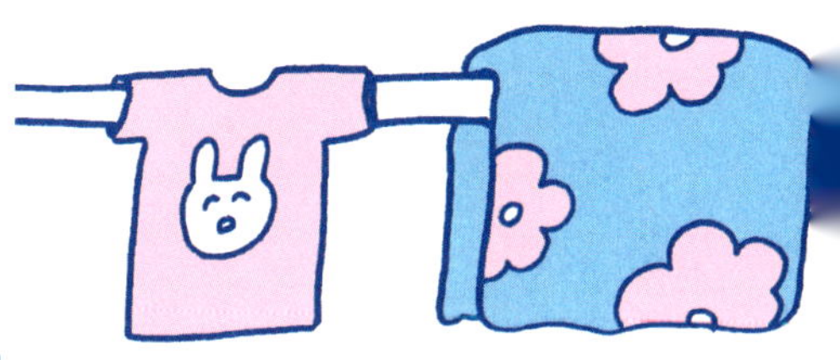

未来は変えられる

「たらればは」は、「過去」ではなく「未来」を考えるときに使ってみませんか？　なぜなら、過去は変えられないけど、未来は変えられるからです。「〜したら、△△になるかも…！」という構文があるとして、あなたはなにをあてはめる？　ワクワクする想像をしてみて、なにが思い浮かぶかを確かめてみてください。

羨望をエネルギーに変える

やみくもに焦るのではなく、子どもの成長に合わせて、なりたい自分を3〜5年スパンでイメージしてみて。たとえば、子どもが小学校に上がるタイミングで再就職したいなら、逆算して、今できることを考えます。今年中には、ママ向けのハローワークに行き始める、少しずつ資格取得の勉強を始める、スーツを着られる体型維持のため歩く時間を増やすなど。具体策が見えてくると、不安も消えていきます。

家庭にいる自分の力をもっと信じる

育児や家事にまつわることは、対価が支払われないので成果が見えにくいけれど、家族の命と生活を守る大事なお仕事。時間やお金の管理、人間関係の面で、想像以上に自分が鍛えられているともいえるのです。家庭で培ってきたノウハウは、いつか、もし仕事をしてみたいと思ったときにも必ず活かせます。

仕事をしていたら…

経済的にももっと自立して、夫に頼らなくても済んだ？

⇒これから、経済的に自立する道を探ることもできるのでは？

仕事をしていたら…

もっとバリバリ働いてた？

⇒忙しく働くことを、本当に望んでいた？

仕事をしていたら…

家族にイライラせずに済んだ？

⇒イライラするのは、本当に仕事をしていないせい？

『専業主婦が就職するまでにやっておくべき８つのこと』（薄井シンシア、KADOKAWA）：著者は17年の専業主婦生活ののち、47歳のタイミングで就職。「主婦はキャリアである」という考えに希望が持てる。

DAYTIME

いつか再就職したいけど、なかなか一歩が踏み出せない…
不安のブレーキを自信に変える7つの考え方

1 ブランクがあるから…

⇒ブランク＝ゼロじゃない

再就職活動を機にブランクを逆手に取ります。ビジネスマナーやパソコンスキルを学び直したり、最新の流行をチェックしたりして、気持ちの面で自信を取り戻せることも。職歴の空白部分で、資格の勉強で再就職の準備をしたこと、地域のボランティアやPTA活動などに参加したことが、活かせる経験としてアピールできることもあります。

2 そんなに経験がないから…

⇒ 職種＝経験じゃない

育児は24時間、365日休みなしの大仕事。それをこなしてきたことで、ママ以前の自分にはなかった根性や忍耐が育まれているはず。未経験の仕事でも、職務内容次第で、自分を活かせる可能性は十分あります。

3 以前のようには働けないから…

⇒ ママ以前の自分にこだわらない

子どもも生まれてライフスタイルが変わったのなら、ママ以前のように働けないのは当たり前。長時間労働は無理でも、"仕事の質"で、アピールできることがあるはずです。

4 子どもがいるから…

⇒ 預けるのをためらわない

短時間でもいいから託児できる施設や方法を探しましょう。一時保育、ベビーシッター、ファミリーサポートなど、託児の選択肢はいろいろあります。再就職準備のためにも、まずは1人時間の確保から。

『雑貨店おやつへようこそ』（トノイケミキ、西日本出版社）：子どもができたのを機に雑貨店を始めた著者。「急がないけど重要なこと」が人生を変えていくなど、仕事と家事の両立について示唆に富む言葉がたくさん。

再就職を思い描くも、今の自分にブレーキをかける理由はさまざま…。でも、そんな不安を、プラスに転換させて一歩を踏み出しましょう。

5 周囲の協力が得られないから…

⇒ すぐに理解を求めない

最初から「理解してもらえない」とあきらめずに、働きたい気持ちや熱意、その理由を、少しずつ周囲に伝えるようにします。仕事と子育ての両立は、周囲の協力が欠かせません。サポートしてくれる夫や両親、義理の両親ときちんと話し合えば、絆を深めるきっかけにも。

6 ベストタイミングがわからないから…

⇒ ベストがいつかは誰にもわからない

どういう条件がそろえばベストでしょうか？　すべての条件が整うときなんて、永遠にこないかもしれません。ちょっとでも「仕事したいな」と思ったら、まずは、その気持ちが芽生えたときこそがベストタイミングです。

7 子どもにまだ手がかかるから…

⇒ 手がかからなくなることなんて、しばらくない

成人して、自活できるようになるまで、子どもは親を必要とするもの。最終的には「自分がどうしたいか」が大事です。ママがイキイキと働くことで、子どもにもいい影響があるかもしれません（142ページ参照）。

再就職の足がかり

● マザーズハローワーク・マザーズコーナー

www.mhlw.go.jp/kyujin/mother.html

子育てと両立しやすい求人情報が集まっています。窓口で就業相談もできるので、自分の経験を棚卸しするために、たずねてみるのも。

● ホームワーカーズウェブ

homeworkers.mhlw.go.jp

仕事量や働く時間を調整しながら仕事をしたい人は、在宅ワーカーという選択肢も。厚生労働省の委託事業「在宅就労者支援事業」の一環として運営されている在宅ワークに関する総合支援サイト「ホームワーカーズウェブ」では、在宅ワーカーの再就職や就労に役立つ情報を提供しています。仕事の探し方や、発注業者とのマッチングなどのセミナー情報も。

『あした死ぬかもよ？』（ひすいこたろう、ディスカヴァー・トゥエンティワン）：あと何回桜が見られる？　あと何時間親と過ごせる？　人生の時間の大切さに気づかせてくれる、問いかけや名言が満載。

子育てって、どれくらいお金がかかる？

幼稚園〜大学までにかかる 教育費の目安ざっくり

幼稚園3歳〜高等学校卒業まで 公立と私立の場合の学習費総額(※注1)の比較(※注2)

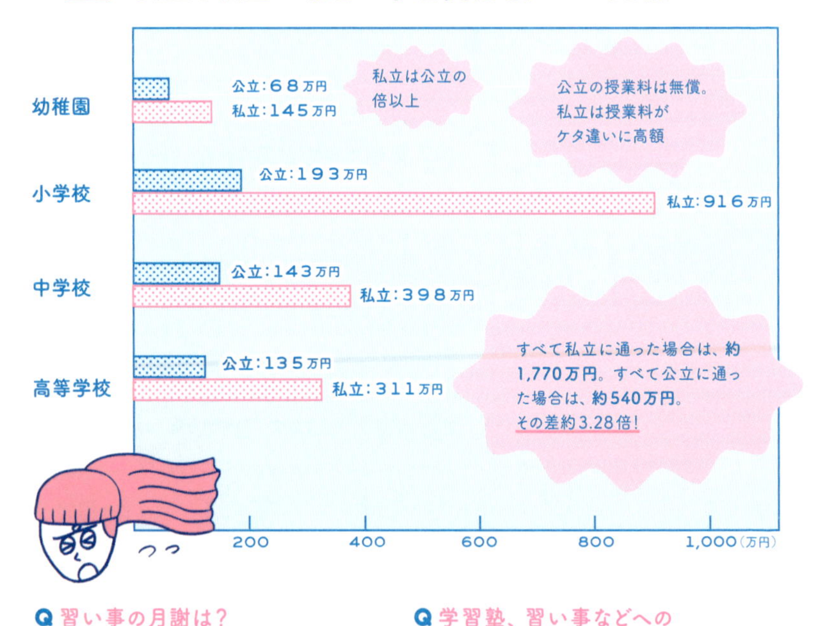

Q 習い事の月謝は？

目安は**6,500〜8,000**円

未就学児で男女ともに人気の習い事は、体操、英語、スイミングなど。年単位だと8〜10万円の支出。本当に必要か、慎重な見極めも大事です。

Q 学習塾、習い事などへの支出のピークは？

公立は約**43**万**5**千円

私立は約**74**万円

公立は中3、私立は小6のときがピーク。

Q 中高生のおこづかいはいくら？

中学生**2,536**円（1人当たりの月平均）

高校生**5,114**円（1人当たりの月平均）

高校生ともなると行動範囲や交際範囲も広がるので、中学生の約2倍、年間約6万円にも。

※注1〜4は 222ページ参照

『「教育費をどうしようかな」と思ったときにまず読む本』（竹下さくら、日本経済新聞出版社）：あらゆる進路の教育費や助成制度がわかる。あわてないための情報収集の足がかりに。

0〜15歳までに給付される児童手当をすべて積み立てれば、子ども1人につき約200万円に。日常的にお金の出入りの少ない口座を受取専用口座にしておくのが貯めるコツです。高校卒業後の教育資金として、コツコツ貯めておきましょう。

2 高校卒業後の進学先別に見た卒業までに必要な入在学費用（※注3）

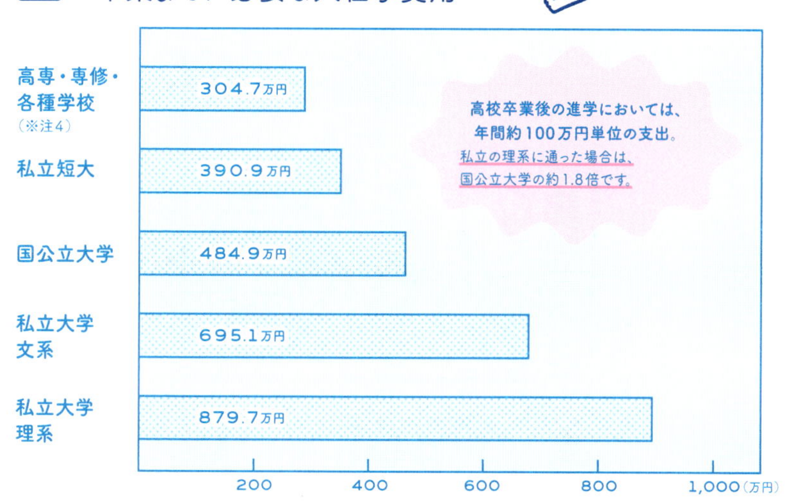

Q 海外留学費用はいくら？

約**250〜300**万円（1人当たりの年間平均）

主に、渡航費・滞在費・学費など。大学4年間留学したら、ゆうに1,000万円を超えます。

Q 1人暮らしの初期費用はいくら？

41.9万円（1人当たりの平均）

主にアパートの敷金・家財道具購入費など。

Q 仕送りはいくら？

約**145**万円（1人当たりの年間平均）

月額約12万円かかります。

遠方の大学に入る場合は仕送りも大きな支出に。

外食費・レジャー費を削ったり、預貯金や保険を取り崩したりして、パパママは教育費を捻出するためにがんばっているよ。パートや残業時間を増やしたり、共働きに戻る夫婦もいるね。最近では、子どもがアルバイトする割合も増えているんだって。

『マンガ　自営業の老後』（上田惣子、文響社）：53歳ずぼらイラストレーターの著者が、専門家と先輩に教えを請い、老後に備えるルポマンガ。税金、年金のことまでよくわかる。絵もかわいい。

するどい子どもの目線

赤ちゃんできると太りますよ

ママ赤ちゃんいるの？
え？いないよ

だってほら！
ガバッ！
何やめて〜

ほら〜赤ちゃんいるよね？
ここ
…
ただ太っただけ…

第3幕

夕ごはん、風呂、歯みがき、寝かしつけ…！

～「おやすみなさい」までのゆるコツ～

スーパーに行くと、なぁんか疲れる…

買い物疲労と献立ストレスを減らすコツ

スーパーで献立を考えない

「スーパーは素材を買う場所」と割りきる習慣を。主菜だけでも決めてから行きましょう。スーパーで考えるのをやめれば、「どうしよう?」と迷うタイムロスが減らせます。

最初に「野菜売り場」を見ない

行く前に主菜が決められなかったときは、まずは主菜（肉か魚）のコーナーへ一直線! その後、副菜の売り場へ。主菜を決めると、おのずと副菜が限定されていきますよ。主菜が定まらないうちに入り口から順繰りに…というのは、タイムロスと無駄遣いの原因です。

冷蔵庫に主菜の居場所を!

寝る前や朝起きたときなど、「翌日(今夜)の夕ごはんの主菜」をトレイにのせるのを習慣化します。こうすれば、スーパーに行っても迷わないし、副菜を決めるのみ。冷凍食材なら、翌日には自然解凍されていて一石二鳥です。

主菜に迷ったら、コレ!

【肉】

- □ **鶏もも肉**：ボリュームもあり、使い勝手のよさはピカイチ。照り焼き、唐揚げに。
- □ **豚ひき肉**：どんな野菜や白身魚とも相性よし。肉だんご、スープ、炒め物に。
- □ **手羽元**：骨ごとがぶりで満足感アップ。カレー、シチュー、ポトフに。

【魚】

- □ **塩だら**：塩味の下味つきなので調理がラク。鍋、ホイル焼き、あんかけに。
- □ **鮭**：彩りよしで食卓の華。ムニエル、照り焼きに。
- □ **かじき**：肉っぽくて食べごたえよし。ソテー、照り焼きに。

『昭和のシンプル食生活』（永山久夫、CCCメディアハウス）：貧乏暮らしから得た食の知恵は、経済的で、しかもおなかも心も満たすパワー満点。男手一つで子育てした著者のエピソードにもホロリ。

毎日スーパーに行かない

スーパーに行く回数を決めてみませんか？　週2回の買い物でも、1週間分の献立はなんとかなります。たとえば、「1回目は週前半の主菜と、1週間かけて使う野菜」、「2回目は週後半の主菜と、足りない野菜」というように。無駄買いがなくなり節約にも。

1週間分のまとめ買いはしない

買い物は1週間後まで見すえなくてもいいんです。急な予定変更もあります。食材が急に使えなくなっても、せいぜい3日先くらいまでなら、対応しやすいです。

「日持ちする」「日持ちしない」で野菜を見る

主菜以上に迷うのが野菜の買い方。迷ったら、「日持ち系」「日持ちしない系」に分けて、そこから3、4種類ずつ選ぶと、栄養バランスがよくなります。

日持ち系野菜

主に根菜類や淡色野菜など

- じゃがいも
- 玉ねぎ
- かぼちゃ
- 白菜
- ブロッコリー
- パプリカ
- にんじん
- キャベツ

とくに「赤パプリカ」は、味よし、栄養価満点で、常備野菜に加えておきたい。

日持ちしない系野菜

主に葉物野菜や水分を多く含むものなど

- レタス
- オクラ
- きゅうり
- もやし
- ほうれんそう

それでも迷ったら、包丁いらず（ピーラーでもOK）＆加熱いらずのものを選んで。

たまにはスーパーのチラシを見ながら、献立を考えるのもおすすめ。お買い得品はたいてい旬のものだから、特売品を主菜にすれば、食卓に季節感が出せるんだ。家にある食材をざっと書き出して「メニュー作り」にチャレンジもいいよ。節約にもなるし、新メニューの開発にもなるかも。子どもと一緒に遊び感覚でやってみるといいよ〜

『ケチャップマン』（鈴木のりたけ、ブロンズ新社）：自前のケチャップは見向きもされない。自分の存在意義を問い続けながら、ポテトフライ専門店でポテトを揚げる日々のケチャップマンの、シュールな物語。トメイト博士が不気味！

NIGHT

結局、〝なに〟を〝どうやって〟食べさせればいいの？

夕ごはん作りの大事なポイント

ざっくり〝トータルバランス〟が取れればいい

不足しがちなものは多めに、食べすぎなものは意識して減らして。「いつもほうれんそうだけど、今日は小松菜にしよう」「お肉が続いたから、今日はお魚」というように。食材を選ぶときに、1つだけでも昨日と違うものを意識するだけで、摂取品目のバリエーションがアップします。

〝自分が食べたいもの〟を作ればいい

「子どもが食べてくれるもの」ばかりを考えていませんか？　一度、「子ども本位」から「ママ本位」に180度転換してみて。自分が作るごはんなのだから、ママが食べたいものを優先させたっていいんです。子どもが食わず嫌いなだけで「拍子抜けするほど、食べてくれた！」なんて発見につながることも。

『ひとりひとりの味』（平松洋子、イースト・プレス）：カレー、肉じゃが、みそ汁…味の記憶は家庭によりさまざま。〝ウチだけの味〟があっていいと思えると、台所に立つ気持ちも軽やかに。

せっかく用意したものを残されたら、やっぱりへこむ…

子どものごはんが進むちょっとしたコツ

ごはんが進むコツ 1

まずは"ひとくち"

嫌いなものがてんこ盛りだったら、大人だってげんなりしませんか? 初めての野菜や料理は、ひとくち食べたら「よく食べたね!」とほめること。それくらいハードルを低くしていいんです。継続すれば、おいしさがわかる日がくるかも。

ごはんが進むコツ 2

具は"小さめ"

カレーやスープの具を小さめに切れば、スプーンですくったときに、ひとさじに数種類がのっかります。一度にいろんなものが食べられて、偏りを防げます。

ごはんが進むコツ 3

出す順番は"レストラン風"

子どもの世話をしながらの夕ごはんの準備、大変ですよね。でも、すべての料理が同時に出なくてもいいんです。コース料理は、まず前菜から。家でもその要領でやるとうまくいくことも。主菜を作ってる間に「とりあえず、枝豆つまんでて」「きゅうり、かじってて」でOK。おなかがすいてたら、ふだんは敬遠しがちな野菜だって、よく食べてくれることもあります。空腹を味方に、ごはんはフライングスタートでよし!

ごはんが進むコツ 4

食べてくれるなら とことん、おだてる

4、5歳くらいになると「もう赤ちゃんじゃないもん!」という意識が強くなります。そのおにいさん・おねえさん心を上手にたきつけて。「トマトはおねえさんだからこそ食べられる野菜だよね?」と。得意げに「パクリ!」とする可能性大。

ごはんが進むコツ 5

盛りつけは"エンタメ感たっぷり"

ポテトサラダはボール状にしたり、アイスクリーム風にカップに盛りつける。白いごはんに、のりをちぎって顔を作ってみる。スープの具の大根やにんじんを、型抜きで花や動物の形にする。ヤングコーンは輪切りで、お花風にしてスープにちらす。あえて、お弁当箱につめてみる。見た目や出し方をちょっと変えるだけで、驚くほどぱくぱく食べることもあります。

『ごはんのじかん』(レベッカ・コップ・ぶん・え、おーなり由子・やく、ポプラ社):ごはんの時間だけど遊びたい! 好きな時間を自由に生きる子どもの素直さがほほえましい物語。

NIGHT

もう1品が、思いつかない

1品で2品以上の満足感！ 炊き込みごはんってすごい

おかわり必至！ **ツナ＆トマトごはん**

ツナ缶、トマト、オリーブオイル少々、顆粒鶏ガラスープの素少々を入れてスイッチオン。炊きあがったら、トマトを崩すようにして混ぜ混ぜ。お好みで、塩とこしょうで味を整えます。

海の香り満点！ **アサリ＆貝柱ごはん**

アサリとホタテ貝柱の缶詰を汁ごと全部投入、だし醤油をひとまわしして炊くだけ。炊きあがったらよく混ぜて、お好みでしょうゆやめんつゆを少々プラス。貝のうまみで、本格的な海鮮炊き込みごはんのできあがり。大人用には、刻みしょうがやしそを散らすと、風味が増しておすすめです。

＼1品だけど2品以上のボリューム感！／

こんな夕ごはん、いかが？

刺身いろいろ、オトナ買い

時間がない！　そんなときは、特売品の刺身盛り合わせをまとめ買いです。閉店間際は驚くほど値引きされていて、ちょっぴりお得感も。家で一番大きなお皿を取り出して、旅館の刺し盛りのように、どどーんと豪快に盛りつけます。土鍋の鍋ブタをひっくり返すと、重量感があり、お刺身におあつらえ向きのお皿にもなります。

『ごはんは おいしい』（ぱく きょんみ・文、鈴木理策・写真、福音館書店）：真っ白いごはんのすばらしさ、美しさ、これ以上ないぜいたくな味と香りが伝わってくる写真詩集。

甘い香りがたまらない！

コーン と貝柱のバターごはん

コーン缶とホタテ貝柱缶を開けて、汁ごと全部投入。最後にバターも加えて、スイッチオン。炊きあがったら塩少々で味を整えます。

肉のうまみたっぷり！

豚バラとズッキーニのマヨごはん

適当に切った豚バラと、角切りにしたズッキーニ、塩と昆布を入れて炊くだけ。炊きあがったら、マヨネーズをひと絞りして混ぜ混ぜ。ズッキーニがトロトロで、豚バラの脂のうまみと、マヨのコクの相乗効果でおいしくなります。

ごはんを炊くとき、卵に1か所穴を開けてからアルミホイルに包んで、お米の上にのせてみて。ごはんとセットでゆで卵もできちゃうよ～

揚げ物ずら～りセルフサービスでサンドイッチ

たまにはパンが主食の夕ごはんも気分転換に。揚げたてのコロッケ、カツ、海老フライ各種をそろえて、食パンを用意。各自好きなようにはさんで、手づかみでパクリ！ お好みで、マヨネーズ、ケチャップ、とんかつソースなどをつけても。

フライパンで、全部焼いちゃう

冷蔵庫の残り物はとりあえず焼く。アスパラガス、いんげん、きのこ類、トマト、ウィンナー、にんじん、鮭…グリルして食べられる食材をすべてフライパンにのせ、オリーブオイルで焼きます。盛りつけは素材別にすれば美しいですし、ソースやマヨネーズ、塩など、調味料をいろいろ並べるとパーティー気分！

『地球のごはん』（ピーター・メンツェル＋フェイス・ダルージオ・著、和泉裕子、池田美紀・訳、TOTO出版）：世界30か国80人が一日で食べたごはんと摂取カロリーを取材したフォトエッセイ。食は人生を映す鏡。

NIGHT

夕ごはんや片づけ、しんどいな…

ラクすることをポジティブにとらえる 手抜き礼賛！合言葉

手抜き礼賛 その①

外食するより安いし！

出来合いの惣菜を買うときの言い訳

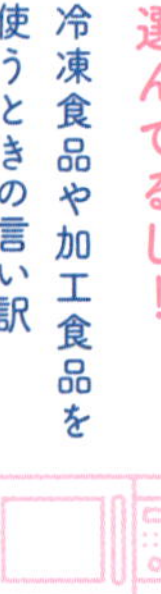

節約と健康面を考慮すれば、手作りがベスト。とはいえ、思いとは裏腹に、その1品が作れないことも。そんなときは、一番コストがかかる外食と比較すると、あんがい「ま、いっか」となります。余裕がないときは、「出来合いの惣菜>外食」のヒエラルキーを思い出して。

手抜き礼賛 その②

添加物が少ないものを選んでるし！

冷凍食品や加工食品を使うときの言い訳

「温めてお皿に盛るだけ」の誘惑には勝てないけれど、どこか後ろめたい…。そんなときは、原材料名をチェック。添加物などが少ないほうを選ぶだけで、よりベターな選択をしている気分になれます。

手抜き礼賛 その③

子どもが喜んでるし！

外食ごはんへの言い訳

外食に後ろめたさを感じたら、もう「ファミレス」という名のレジャーランドに来たくらいの気持ちでいればいいんです。ママがヘロヘロで疲れていたら、子どもも楽しくありません。みんな笑顔の夕ごはんに勝るものなし！

『フランス人ママ記者、東京で子育てする』（西村・プペ・カリン・著、石田みゆ・訳、大和書房）：在日仏人ママが日本の子育て環境のいいところを指摘。日本のママはもっとズボラでもいいのかもしれない。

手抜き礼賛 その④

見てないし!

隅々まできれいにしきれない言い訳

部屋の四隅のホコリ、シンクの油汚れ、開けたらぐっちゃぐちゃの押し入れの中、たまった洗い物…パンドラの箱に目眩(めまい)がしたら、ハイ、そこで目をつぶって! パニックになりかけたら、真面目に取り組むことを、いったん放棄します。目を開けたら、別のことに着手。

手抜き礼賛 その⑤

いつかやろう、って思ってるし!

できない料理や収納への言い訳

「いつか…したい」という想いは、未来への希望のあらわれ。「今できないこと」はさておき、これからの楽しみだと思えば、ワクワクしませんか? 「いつかこんな収納してみたい」「いつかこんな手料理、子どもに作ってあげたい」「いつか、こんなお誕生会してあげたい」など、リストにしておくだけでも楽しいもの。ママの「いつか」のストックは、家族の希望です。

手抜き礼賛 その⑥

だって、子どもと過ごす時間が大事だし!

家事のすべてを後まわしにする言い訳

「ママ、遊んで〜!」につきあっていたら、なんにもできずに日が暮れます。まとわりつく子どもを振り払えない、振り払うのがまずひと苦労。そんなときは、家事のすべてをスイッチオフ。一日くらい、そんな日があってもいいんです。家事も子どものこともどちらもやろうとしてしんどいなら、「今日の私は子どものためだけにある」と、子ども以外のことは堂々と手放します。

『新装版 管理栄養士パパの親子の食育BOOK』(成田崇信、内外出版社):栄養学的な根拠に基づいた正しい情報満載。「よくかまない」「遊び食べ」などの悩みにも対応。子どもの食事がストレスに感じたら。

NIGHT

子どもがワクワクする夕食の工夫

今日のごはん、なんかいつもと違う

夕方お外でピクニック風に

日が長い夏限定かもしれませんが、屋外に出るだけでも気分は開放的になります。夕方、近所の公園でレジャーシートを広げて、おにぎりやサンドイッチをほおばるのもいいものです。

工夫2

おうちでピクニック風に

床にレジャーシート、飲み物は水筒に…外に行かなくても、気分が変わります。広いお家なら、お座敷で食べるのも特別感があって◎。親子でおそろいのエプロンを用意するのも楽しい工夫です。

歳時記風に

冬至の日はかぼちゃ、ひな祭りの日はハマグリなど、季節をヒントにごはんを用意。ふだん食べないものを食べる機会も増えて、新鮮に感じます。季節感を教えることもできておすすめです。

工夫4

ファミレス風に

ワンプレートに、主食もおかずも全部のせます。気分も変わるし、盛りだくさんな雰囲気に。ごはんは、空きカップで型抜きして、お子様ランチ風にパカッと!

『たがやせ! どじょうおじさん』(チャンキー松本、あかね書房):ほっかむり姿のどじょうおじさんが、稲を育む田んぼの豊かさ、農作業の大変さをコミカルに伝授。子どもと一緒に自然環境を考えるきっかけにも。

工夫5

盛りつけはデパ地下のように

あっと驚きの演出が子どもの心をわしづかみ！　唐揚げ、サラダなどの惣菜は、高く、高〜く、タワー風に。たっぷりのポテトサラダは、ラップを敷いたボウルにつめてパカッと平皿に出せば、大きなドーム状に。ゆでブロッコリーを刺していくと、こんもりお山のよう。

工夫6

テーブルで作る子ども参加型に

卓上コンロやホットプレートで焼肉や焼きそば、具材だけ用意して手作りサンドイッチや手巻き寿司、そうめんや蕎麦のトッピングをいろいろ用意してアレンジなど、自分で作りながら食べる料理はそれだけでエンタメ。料理ができていく過程や、いろんな味の組み合わせを楽しめてクリエイティブな夕食に。

（よくある！ ごはんの悩み）

「だらだら食べ」への対処法

集中力が途切れたら、「はい、ごちそうさま！」。小食でも、元気なら問題なしと割りきって。「なにがなんでも食べさせなくちゃ…」とムキになるとかえって逆効果です。3歳くらいまでは、ごはんを食べる意味がわからず、食事に気持ちを向けていくのが難しいこともしばしば。逆にそこを過ぎれば、「ごはんを食べると元気が出る」「ごはんが終わればまた遊べる」など、ごはんを食べる意味、生活の流れの中のごはんの位置づけもだんだんとわかってきます。ただし、「ごはんはいらないけどパンなら食べる」と、言い出してもそれには「ダメ」と言いたいもの。これは子どものわがままを増長させるだけです。「残してもいいけど、これでごちそうさま。代わりのものはないよ」と、きちっとしたルールを示すのも大事です。

「なかなか食べ始めてくれない」への対処法

「帰宅後、即夕ごはん」といきたいところだけど、ちょっとその前に。帰宅前に10分でも15分でもいいから、寄り道時間を作ります。近所の公園で遊ばせたり、散歩したり、スーパーをぶらぶらしたりなど。ほっと一息つかないと、次のアクションに進めないのは大人も子どもも同じです。そんなときは、急がば回れ、ちょっとガス抜きできると、気分が変わります。

『まほうの でんしレンジ』（たかおかまりこ・原案、さいとうしのぶ・作・絵、ありさわあつこ・タイトル文字、ひかりのくに）：「はらぺこりんりん」の呪文で、なんでも出てくる素敵な電子レンジ。1台ほしい！

ママを支える食材いろいろ

 USEFUL FOODSTUFFS

☑ お麩

うずまき、手鞠麩、車麩など、汁物や鍋物に入れるだけで、ボリューム感が出ます。キャラクターもののお麩も、子どものテンションが上がります。

☑ 干物

焼き魚さえあれば、どんな食卓も立派な見栄えに！ 鮭、さば、ししゃもあたりを常備しておけば、なにかと安心です。

☑ 乾物

切り干し大根、干し椎茸などは、だしがよく出るので、小さく切ってみそ汁の具に。乾燥わかめは、ごま油、みりん、しょうゆで炒め煮にも。ミネラルを補えます。

☑ 焼きのり

巻くのはごはんでなくてもいいんです。たとえば、レタスやかにかまぼこ、スライスチーズ、きゅうりなどを巻いてマヨネーズをつけるだけで、サラダ手巻き寿司風に。巻くというワンアクションがあるだけで、子どもも喜びます。韓国のりはちょっぴり大人の味ですが、下味もついているのでおいしさバツグンです。

☑ 早ゆでマカロニ

中には1分30秒でゆであがるものもあります。とにかく、早いのはありがたい！ ゆですぎでくたくたのほうが食べやすくて、子どもに好評なときも。

☑ だし醤油

うまみがあるので、ふつうのしょうゆ以上に使い回しがききます。ゆでたうどんに生卵とコレだけで、本場の釜揚げうどんみたいに美味。

☑ たまご豆腐

そのまま食べてもいいけれど、お椀にまるごと入れて、お吸い物の具にするのもおすすめ。つるりとした食感は汁物によく合います。あつあつごはんにのせてもじつはおいしい。

☑ 冷凍枝豆

食卓に緑が足りないなと思ったら！ 彩りが豊かになります。おでかけのときは冷凍したまま持ち出せば、1時間くらいで食べ頃に。夏場は保冷剤代わりに、保冷バッグに入れておきます。

☑ カンタン黒酢

これ1つで、肉や魚の照り焼きがカンタンに仕上がります。ほかの調味料一切必要ナシという手軽さが魅力です。ピクルスや酢の物も、まろやかな味に。

☑ とろけるチーズ

スライスタイプが1枚あるだけで、残り物ごはんがグレードがアップ。とろけるチーズをのせたごはんに、あつあつのスープをかければ、ドリア風スープに。残り物のシチューにちぎって入れて、温め直しても、とろ〜りおいしい。

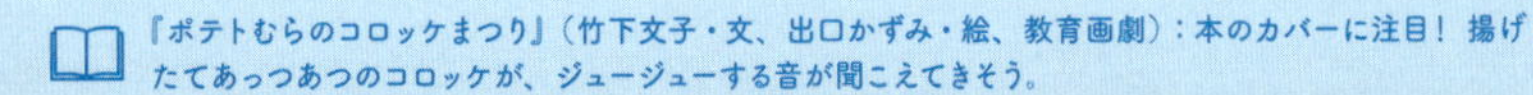
『ポテトむらのコロッケまつり』（竹下文子・文、出口かずみ・絵、教育画劇）：本のカバーに注目！ 揚げたてあっつあつのコロッケが、ジュージューする音が聞こえてきそう。

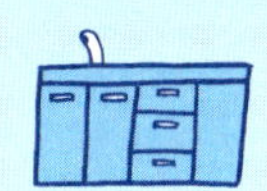

台所にあるとちょっと安心。

☑ 塩こんぶ

トマト、きゅうり、セロリのサラダに混ぜるとほどよい塩味に。スープのだしにもぴったり。

☑ トマトの缶詰

カットタイプでもホールタイプでもOK。冷蔵庫の野菜や肉類とコンソメスープの素を入れて煮込めば、メインも兼ねた具だくさんスープに。鶏もも肉とスライス玉ねぎを重ね、オリーブオイルをひとまわし、塩を少々。最後にトマト缶を全部入れてとろ火で煮込めば、ジューシーな鶏のトマト煮込みに。

☑ ホットケーキミックス

子どもはやっぱり、おやつが大好き。中でもホットケーキはハズレがありません。1枚1枚焼くのもいいけれど、生地を炊飯器に流し込んでスイッチオンすれば、ホカホカの蒸しパンケーキに！ つぶしたバナナを生地に練り込めばバナナ蒸しパンに。生焼けの場合は、少し余熱で火を通してから、再度スイッチオン。我が家の炊飯器でちょうどおいしくできるタイミングを子どもと一緒に実験です。

☑ プレーンヨーグルト

みそと混ぜて肉を漬け込んでおくと、やわらかくなり、うまみもアップ。マヨネーズに混ぜればさっぱりソースに。

ボクの常備品はしらす干し！ ほどよい塩加減は、塩こんぶ同様、サラダに使うといいアクセントに。とろけるチーズとセットでトーストにのせるのもおすすめ〜

『東京の台所』（大平一枝、平凡社）：台所の数だけ人生がある。お勝手から暮らしを紐解くルポルタージュ。鍋1つとっても、愛されるものは家庭によりさまざま。心地よい台所作りのヒントにも。

NIGHT

なかなかお風呂に入ってくれない…

最高の遊び場に変える お風呂を楽しむ5つの用意

1 入浴後の"親子一緒の楽しみ"を用意

お風呂を出たら「☆☆の番組、見ようね」「冷たい牛乳飲もうね」など。入浴後に親子一緒の楽しみがあれば、猛スピードでやる気を出すことも。

2 "お風呂用のおもちゃ"を用意

プラスチックの容器やスプーン、ペットボトルなどをお風呂遊び用にためておいて、「今日は、これ使おう!」と誘うのも。ビニールテープをぐるっと巻けば、好きなデザインにアレンジできます。

3 "プール遊びの装備"を用意

まずは見た目から、気分を盛り上げます。お気に入りの水着、ゴーグル、スイムキャップなど、「お風呂＝水（プール）遊び」の感覚で、いざ、バスルームへ!

4 "使い捨てのシャンプーキャップ"を用意

頭にかぶるだけ…なのだけれど、子どもにとってはなんでもおもちゃに。

5 "手作りシャボン玉"を用意

材料：水100ml、台所用洗剤5ml、砂糖5g

材料すべてを混ぜれば、シャボン玉液が手作りできます。砂糖はぬるま湯で溶かせばよく混ざります。ストローの先に2、3か所切り込みを入れれば、吹き具にもなります。

『やまの おふろやさん』（とよたかずひこ、ひさかたチャイルド）：雪がしんしんと降る山のお風呂に動物が次々とやってくる。みんなぽかぽか。ゆきだるまさんまでやってきたけど、さぁどうなる…!?

入ったはいいけれど… トホホのお悩み解決策

その1
髪を洗うのをイヤがる…

まずはママが「ソフトクリームヘアーだよ！」と、泡たっぷりのヘアスタイルを洗う様子を面白く見せてみて。「やってみる」という気になるかも。

その2
シャワーを怖がる…

シャワーで髪を洗うのをイヤがるときは、まずは洗面器に入れたお湯で、少しずつ流すことからスタート。

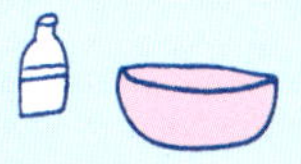

その3
なかなか出ない…

子どもはいつも、目の前の楽しいことに夢中です。なかなか入浴が終わらないときは、「ほら、大好きなテレビ番組、終わっちゃうよ！」「あれ、お風呂の後に牛乳飲むんだよね？」など、入浴後の楽しみをもう一度リマインド。

その4
髪にシャンプーをつけるのをイヤがる…

目に泡が入るのが痛い、怖い、という子も。そんなときは、シャンプーハットを用意。キャラものからサンバイザーのような機能性に優れたデザインのものまで、いろいろあります。

たまには銭湯へ、ゴー！

家のお風呂をイヤがるなら、週1、月1と決めて、スペシャル銭湯デー♪を作ってみては？　大きな湯船、いろんなタイプの薬風呂、露天風呂は、子どもにとってまさにレジャーランド。家族以外の大人たちとのふれあいもあり、独特の開放感と緊張感は家風呂では味わえない醍醐味です。「ちゃんとかけ湯して入るんだよ」「ロッカーの鍵、なくしちゃダメよ」など、公共の場のマナーを教えるチャンスにも。周囲の大人の目もあるので、子どもと一対一の状態から解放されて、ママもリラックスできます。

『女湯に浮かんでみれば。』（堀ミチヨ、新宿書房）：他人に警戒心むき出しの昨今、たまには鎧をぬいで肩の力を抜きたい。裸のつきあいが恋しくなる、ほっこりのほほん銭湯エッセイ。

NIGHT

毎晩、歯みがきをイヤがる

歯みがきよりも気をつけたい 子どもの歯を守る大事なこと

歯みがきが少々できなくても大丈夫 食べ方やおやつを変えれば虫歯は防げる

ポイント

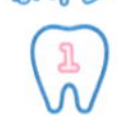

歯みがきよりも"なにを食べるか"に注意

「歯みがきすれば虫歯にならない」は間違い！ とくに3歳までの虫歯予防は、食生活がメインです。歯みがきは多少できなくても、おやつのコントロールさえできていれば、虫歯は防げます。逆に、一日3回歯みがきしていても、甘いおやつをたくさん食べる子は虫歯になります。

ポイント

"だらだら食べ"に注意

食べる時間を決めましょう。食事をすると口の中が酸性になります。歯のエナメル質が溶け出す濃度がpH5.5といわれていますが、唾液が出て、時間をかけて中性の状態に戻し、歯を修復してくれます。食事と食事の間の時間に、歯が修復されているんです。だらだら食べていると、歯を修復する時間がなくなり、その結果、エナメル質がずっと溶け出して虫歯が進んでしまいます。歯みがきは、歯の修復を助けますが、あくまで補助的なものです。

「だらだら食べ」の口の中の状態（※注5、222ページ参照）

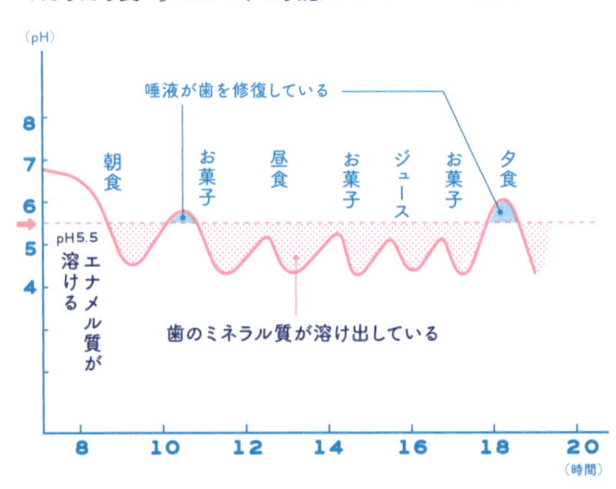

『はみがきれっしゃ しゅっぱつしんこう！』（くぼまちこ、アリス館）：歯ブラシをかわいい列車に見立てたユニークな発想。歯みがきをイヤがる子におすすめ。

食べる量より"食べる回数"に注意

とくに甘い物は、食べる量より、食べる回数に気をつけます。たとえばチョコレートなら、1枚を1回で食べきるより、1枚を３回に分けて時間をかけて食べるほうが虫歯になりやすいです。それは、だらだら食べと同じこと。子どもに甘い物をあげるときは、回数を変えるだけでも違います。

このポイントが守れていれば、一日くらい歯みがきができなくてもイライラしなくていいんだね。え？　ボクたちに歯があるのかって？　さあ…

小児歯科専門医おすすめ

乳歯が生える頃から、1、２歳の子に読ませたい、歯みがきを知り、関心を持つきっかけになる絵本

『ノンタン はみがき はーみー』
（キヨノサチコ、偕成社）
ノンタンと仲間たちが「はみがき　はーみー、しゅこしゅこ　しゅっ　しゅ」のリズムにのって、歯をぴかぴかに。リズミカルな繰り返しが楽しい絵本。

『はみがきあそび』
（きむらゆういち、偕成社）
人気のしかけ絵本シリーズのはみがき版。食べたら歯ブラシでお口の中をシャカシャカ…楽しみながら、歯みがきの生活習慣を知ることができます。

虫歯になりにくいおやつ

- りんご
- ふかしいも
- おせんべい
- チーズ
- 食事に近い炭水化物（おにぎり、サンドイッチ）

おせんべいは、あまり甘くない、しょうゆ味や塩味などを選んで！

虫歯になりやすい要注意おやつ

- チョコレート
- キャラメル
- ガム
- 乳酸菌飲料
- スポーツドリンクなどのイオン飲料

体にいいと思って乳酸菌飲料を飲ませ続けたり、発熱のときに飲ませたイオン飲料を回復後も与え続けたりしてしまうのは要注意！

虫歯菌の感染を遅らせよう

生まれたばかりの赤ちゃんに虫歯菌はいませんが、唾液を介して人から人に簡単にうつります。子ども同士でうつることもあります。箸やスプーンを使い分けたり、口にキスしないようにしても、完全には防げません。
でも、感染時期を遅らせることはできます。虫歯の原因となるミュータンス菌は、1歳7か月頃～2歳半くらいまでが最も感染しやすい時期です。家族の口の中に虫歯菌が多いと、子どもにも感染しやすくなります。この月齢のお子さんの周囲の大人は、虫歯治療や口腔ケアを怠らないように。甘い物の食べすぎも虫歯の原因ですから、食生活のコントロールも重要です。

歯が1本でも生えたら歯みがきの準備を

乳歯が生えてきた頃は、少しずつ歯みがきを習慣づけていく時期です。身体の中でも口の周りは敏感で、触れられたり、口の中になにかを入れられるのに違和感があって抵抗する子も。口腔ケアの一歩として、まずは触れることから始めましょう。口の中を指で触れる、それくらいからスタートでも十分です。少し慣れてきたら、ガーゼやわらかい布で歯を少しこするくらいで大丈夫です。

『むしばミュータンスのぼうけん』（かこさとし、童心社）：読了後「ミュータンスと仲良くする？」と子どもにたずねると、「イヤ！」と言って真顔で歯みがき。ミュータンスのしたたかさに、大人もヒヤリ！

歯みがき・子どもの口腔ケアQ&A

歯みがきをはげしくイヤがります…

A：乳歯が生えそろう0～3歳くらいが最もイヤがる時期です。歯の生え初めから第一乳臼歯が生え始める1歳半頃までは、一日1回、機嫌のいいときにやってみましょう。このときに「しっかりみがく」ではなく「みがかれることに慣れさせる」を意識してください。1歳半を過ぎると食べられるものも増えてくるので、食生活をコントロールしたうえで、朝晩の歯みがきが毎日できると理想的です。

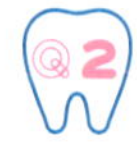

どこをどのようにみがけばいいですか？

A：たとえば、1歳くらいの歯の生えそろい方から考慮すると、みがき残しが多くて虫歯になりやすいのは、上の前歯4本の根元部分。イヤがるときは、ここだけでも重点的にみがくといいですね。逆に、下の前の歯は唾液がよく出ていて虫歯にはなりにくいところなので後まわしでいいでしょう。
このように、虫歯になりやすい場所は歯の生え方や年齢で違うので、子どもに合わせた仕上げみがきの方法を歯医者さんで教えてもらうのがベストです。
仕上げみがきのときは子どもが寝ころんだ状態で。上の歯の唇側をみがくとイヤがるときは、上唇小帯（唇と歯茎をつなぐすじのような部分）を、歯ブラシを持つ手と反対側の指で覆うと痛くありません。そういったコツを教えてもらえば、イヤがらない仕上げみがきもできますよ。

フッ素入りの歯みがき粉やジェルは効果あり？

A：フッ素は歯をかたくする作用があり、生えかけの頃から使用するのが効果的で、虫歯予防になります。毎日の歯みがきで低濃度のフッ素を使用してもらうのが一番効果的といわれています。ただ、歯が生えかけの頃に市販のフッ素入りのジェルを塗布するうえでの注意点があるので、一度専門医に塗り方や使い方の指導を受けたほうがいいでしょう。フッ素入りの歯みがき粉やジェルを使用しているからと安心せず、きちんとした食生活を送ってくださいね。

『ゆっくとすっく しあげに はみがき もういっかい』（さこももみ・絵、たかてらかよ・文、岩井紀子・原案、ひかりのくに）：いろんな歯ブラシが登場して愉快。仕上げみがきの大切さが伝わってくる。

仕上げみがきは、いつまですればいいですか?

A:小学校に上がるタイミングで終了するケースが多いですが、その時期はちょうど第一大臼歯(通称:6歳臼歯)が生える頃です。
この歯は噛み合わせの中心となる重要な歯ですが、奥にひっそりと生えるため気づきにくいうえ、前の歯と段差もありみがきづらく、虫歯になりやすい歯です。そのため、この歯が生えてきたときこそ親子で注意してみがくことが大切です。
仕上げみがき終了の時期は、目安としては6歳臼歯がかたく丈夫になる小学校2～3年生頃ですが、子どもの上達度によって仕上げみがきがもう少し必要な場合もあります。自分の歯をきれいにみがくことは大人でもなかなか難しいです。将来子どもが1人でちゃんと歯みがきできるように、ときどき歯医者さんでアドバイスをもらってください。

子どものかかりつけの小児歯科医はどのように見つけたらいいですか?

A:一般歯科が「小児歯科」の看板を掲げていても、必ずしも小児歯科専門医がいるとは限りません。全国の小児歯科専門医は右記のサイトで検索できます。

日本小児歯科学会
専門医・認定医がいる施設検索
www.jspd.or.jp/contents/main/doctors_list/index.html

もし、近所に小児歯科専門医がいない場合は、どうすればいいでしょうか?

A:その場合は、一般歯科の歯科医の見極め方が大事です。たとえば、88～89ページでも触れた通り、子どもの虫歯は歯みがきだけでは予防できません。食生活メインで指導してくださる先生はわりと信頼できると思います。歯みがきの重要性に加えて、右記のようなことをしっかりたずねたり指導してくれる歯科医であれば、小児歯科のことをきちんと勉強している可能性が高いです。

子どものかかりつけの
歯科医の見極め方

- 「どういうおやつを食べていますか?」など、食生活の質問や指導をするか
- 低年齢(1歳前後くらい)の子どもなら、卒乳したかどうかをたずねるか
- その子の歯のどの部分が虫歯になりやすいか、今後虫歯にならないように歯みがきや仕上げみがきでどこを注意したらいいかなど、細かい説明をしてくれるか

『ゆびたこ』(くせさなえ、ポプラ社):指しゃぶりをやめたいけれどなかなかやめられないお子さんにおすすめ。ちょっぴり怖いけど、やめさせるきっかけ作りになる絵本。

NIGHT

子どもと一緒にいるとイライラしてばかり…

思わず〃イラッ〃としたときのママのアンガーマネジメント

怒りに"突然"はありません。お湯の温度が、沸騰するまでに徐々に上昇していくように、心身からは、必ず小さな怒りのサインが、すこ～しずつ出ています。自分が"イラッ"としたときにどんな変化があるか日頃から注視していると、「私、今キケンかも」と、自分を冷静に見つめることができます。

怒りのサインいろいろ

心臓がドキドキ、バクバクする
呼吸が浅くなったり速くなったりする
肩や背中に力が入る
胃がキュッとしめつけられる感じがする
手先がだんだん冷たくなる
手をぎゅっと握る

『ぼくは おこった』(ハーウィン・オラム・文、きたむらさとし・絵・訳、評論社):怒りを爆発させたアーサーは、稲妻、洪水を起こし、果てには宇宙を震わせる。とどまるところを知らない怒りのエネルギー、恐るべし。

怒りの瞬間冷却法

怒りの冷やし方 ❶
スーハーとゆっくり深呼吸

160ページでも紹介していますが、呼吸は心身の健康をキープするのに欠かせないもの。怒りのサインを察知したら、深呼吸でサッと鎮めましょう。

怒りの冷やし方 ❸
自分だけのねぎらい語&ねぎらいアクション

誰にでも、自分にしっくりくる気持ちの鎮め方があります。日頃から注意して、自分にどんなやり方が合っているか、試してみましょう。

〈ねぎらい語〉

- ☑「がんばってるよね、私」
- ☑「よくやってるね、えらい」
- ☑「急がば回れ」
- ☑「ゆっくり、ゆっくり」
- ☑「大丈夫、大丈夫」

〈ねぎらいアクション〉

- ☑ 伸びをする
- ☑ 好きな曲をかけて歌う
- ☑ いい香りのお茶を飲む
- ☑ 無関係のことをやってみる
- ☑ 甘い物を食べる

怒りの冷やし方 ❷
小出しにため息

ゴミ出しのように、小さくまとめてこまめに出す。これが健全な怒りの逃がし方の1つです。「今日、なんだか疲れるのよね」「はぁ、どうしてかな、イライラしちゃうな…」など。そのほうが子どもたちも「今日、ママは疲れてるんだね」など理由がわかって納得するかも。ママが怒りを無理におさえこもうとして、家中がピンと張りつめた空気になるよりも、ずっといいはずです。

怒りの冷やし方 ❹
すかさず退散する

子どもがケンカする、言うことをきかない、騒ぐ、片づけをしないなど、イラッとしたらイライラの原因や状況が視界に入らないところまで、逃げます。トイレに駆け込んだり、2階へ上がったり、ベランダに出たりなど。少し気持ちが落ち着いたところで現場に戻れば、冷静になれます。

草むしりもいいかもね。…って、海藻ってむしれるもの?

イライラがおさまる!
無心になれる「みがき」のススメ

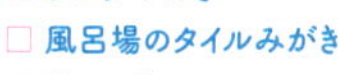

\ ひたすら! /

イラッ、となったら、そうじのチャンス! すかさずスポンジやぞうきんをつかむべし。リズミカルな動作によって、セロトニンという気持ちを鎮める脳内物質が増えるのだとか。汚れが落ちる頃には怒りもおさまり、家もピッカピカ♪

- □ コップみがき
- □ シンクみがき
- □ 風呂場のタイルみがき
- □ 窓みがき
- □ ていねいに歯みがき

『なんらかの事情』(岸本佐知子、ちくま文庫):日常のひとこと、風景への違和感から、膨らんでいく作者の想像。その飛躍に笑ってしまうとともに、なぜか自分を客観視できる1冊。

NIGHT

ウチの子、こんなんで大丈夫…？

欠点ではなく個性です
子どものタイプ別の接し方＆言葉かけ

TYPE.Ⓐ

引っ込み思案な子

「ママと一緒に、やってみる？」

「1人じゃ不安なら、ママも手伝おうか？」

POINT：ママがそばにいてくれるとわかっただけで、チャレンジしたい気持ちが湧き起こるかもしれません。

TYPE.Ⓑ

同じ失敗を繰り返す子

「ももちゃんらしいね～」

POINT：何度言っても直らないこと、たくさんあります。それも1つの個性と割りきって、「あなたらしいね」というほめ言葉で包み込むと子どもはホッとします。

TYPE.Ⓒ

片づけができない子

「ずいぶんたくさん遊んだね！それじゃあそろそろ、パズルから片づけようか？」

POINT：「だらしない！」と言いたくなりますが、それは子どもにはわかりにくいうえ、ママがどうしてほしいかも伝わりません。「ちらかし放題⇒いろんなことに興味あり」と意訳して、片づけへと誘導します。

TYPE.Ⓓ

優柔不断な子

「あとどれくらいで決められる？」

「ウサギさんとネコさん、どっちがいい？」

POINT：なかなか決められないのも、その子の個性です。あとどれくらいかかりそうかたずねたり、選択肢を限定したり、時には決めやすいようにサポートをする気遣いも大事です。

『たかこ』（清水真裕・文、青山友美・絵、童心社）：十二単を着た“いとおかし”な転校生たかこにびっくりのクラスメイト。違いを認め合えたときにこそ仲良くなれる。いろんな子がいるから楽しいと思える物語。

TYPE.E　黙って話さなくなる子

「ママには、話してくれる？」

「ちゃんと聞くから、教えてくれる？」

POINT：シチュエーションにより理由はさまざまですが、怒られて萎縮したり、こんなこと話しちゃいけないと思ってしまうと、押し黙ってしまいます。問いただすのではなく、「言いたいことは言っていいんだよ」というママの気持ちを伝えてみましょう。

TYPE.F　次の行動になかなか進まない子

「ずいぶん真剣にやってるね！　あと何分くらい続けるの？」

POINT：1つのことにのめり込んでしまうと、なかなか終わらないのはよくあること。「もうそれくらいにして、次のことやってほしいな」と思っても、そこはぐっとこらえて。子どもの集中力に注視して「すごいね」とほめることも忘れずに。

TYPE.G　飽きっぽい子

「今、どれくらいまでできたかな？」

POINT：できた部分がどれくらいかをたずねるようにします。「ここまでできたのなら、もう少しだね！」と声がけすれば、もうちょっとだけがんばろうという意欲も湧きます。「最後までちゃんとやりなさい！」よりも、効きますよ。

TYPE.H　のんびりしている子

「今日することは、なんだったっけ？」

「今は、なにをすればいいのかな？」

POINT：のんびりマイペースな子は、なにを考えているかわかりにくいもの。「ぼーっとしない！」と言っても伝わりません。そのときにやるべきことを終わらせているのなら、「すごいね、もう終わってるんだ！」と、できていることをほめます。

TYPE.I　口答えする子

「ママはそう思わないけど、けんちゃんは、そう考えるんだね」

POINT：もっともらしい理屈で口答えされると「かわいくない！」と言いたくなりますが、自分の言葉で自分の考えを表現できることは、「しっかりしてきたな」「頼もしいね」という見方もできます。

TYPE.J　なかなか寝ない子

「朝眠いのはイヤだよね、そうならないためにはどうしよう？」

POINT：子どもの行動を促すには「なぜ、そうしたらいい？」と一緒に考える習慣をつけたいもの。ママが怒るからではなく、「早く寝ると気持ちよく起きられる」「朝ごはんがおいしい」など、自分にとっていいことがあるのだと自発的に考えられるように声をかけましょう。

『なつみはなんにでもなれる』（ヨシタケシンスケ、PHP研究所）：「これ、なーんだ ?!」といろんなポーズで難問珍問を繰り出すなつみちゃん。なつみちゃんの天真爛漫さが痛快！

NIGHT

赤ちゃんがえりが大変…

下の子が産まれたときの上の子への接し方

なにはさておき、上の子最優先

上の子にしてみれば、ママのすべてを持っていかれたような気分です。風呂、食事、抱っこ、おしゃべり… なんでも「上の子から先に」を徹底します。

「おにいちゃん、おねえちゃんなんだから」は封印

よほどの年の差がない限り、上の子だってまだまだママに甘えたいものです。「おにいちゃん」「おねえちゃん」を強調するときは、「よくできたね!」と、ほめるとき限定に。

許せる時間はすべて上の子のために

下の子が寝ていたり、ほかの家族が見ていてくれるときは、上の子最優先で過ごします。たとえば、一緒に絵本を読む、お散歩や買い物に行くなど、ママと過ごせる時間が増えれば、気持ちが落ち着いてくることもあります。

うちはたくさん子どもがいて、
どの子が上でどの子が下か
全然わかんないや。
でも…みんなかわいいな～

『ごきげんなすてご』（いとうひろし、徳間書店）：「わたしだけをちやほやしてくれるおうちを探す」と、捨て子になる決心をした女の子。上の子の切なさが伝わってくる物語。ラストのお母さんの言葉がホロリとさせる。

1アクションごとにひとこと、くらいの気持ちで声をかける

「あ、今積み木してるのね？　なに作ってるのかな？」「なにをおえかきしてるの？」「えらいね、すぐに手を洗ってるね」など、下の子の世話をしつつ、言葉だけでも、上の子に意識を向けるようにします。放っておかれる寂しさを、少しでも紛らわせるママのやさしさです。

上と下、それぞれを満足させるひとことを言う

上の子、下の子、それぞれが納得するひとことをこっそり伝えるという方法も。たとえば上の子には「みおちゃんはまだまだ赤ちゃんだから、もうちょっとだけ、我慢してくれるかな？」。下の子には「ああ見えてね、ゆうちゃん、まだまだ赤ちゃんなのよ」。言葉が伝わる年齢なら、こんな二枚舌もアリかもしれません。

とにかくスキンシップ

ぐずってどうしようもないときも同じですが、言葉でなだめるよりも、しばらくぎゅーっと抱きしめるほうが、落ち着くときもあります。なんの理由がなくても、子どもにハグしてみましょう。「ゆうちゃんがかわいいから、ママ、ギューってしたくなっちゃったよ〜」と抱きついてみて。子どもも喜びます。

『おにいちゃんといもうと』（シャーロット・ゾロトウ・文、おーなり由子・訳、はたこうしろう・絵、あすなろ書房）：ケンカしても意地悪されても、いつも一緒。きょうだいのほほえましさが伝わってくる。

NIGHT

部屋がはげしく、ぐっちゃぐちゃ…
寝る前1分で、そこそこ部屋をきれいにする術

子どもがいると片づけては散らかして、散らかしてはまた片づけて…の繰り返し。"きっちり片づけ＆しっかり収納"を目指すより、"一瞬でも片づいたように見せる"ことを目指しましょう。

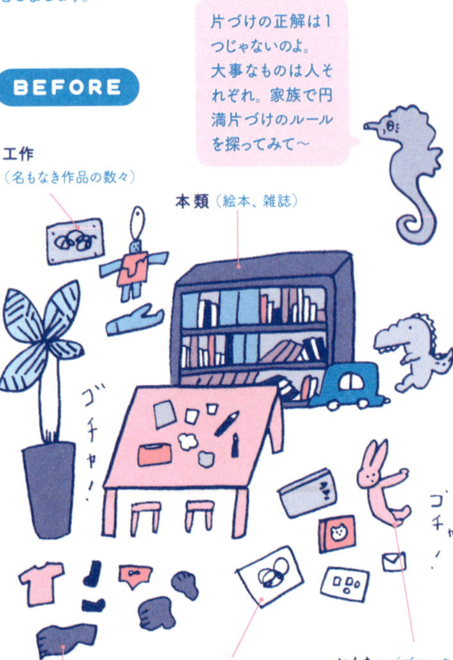

靴をそろえる
靴の向きがそろっていると気持ちがいいもの。靴に「いってらっしゃい！」と言われているような気分に。

カーペットやラグを整える
めくれていたら元通りに。曲がっていたら正す。床面積を大きく占める部分だけでも整えれば、きちんと感が出ます。

床に散らばったものを拾う
カゴにポイでもいいし、とりあえずテーブルの上に一時避難させても。床がスッキリすると、広々とした印象に。

『散らかし屋さんが片づけたくなる部屋のつくり方』（金内朋子、ワニブックス）：「捨てる」のではなく「手放す」という言葉が新鮮。家族との"今"を大事にするヒントが満載。

AFTER

忍法小物レスキューの術
時計、鍵、サングラスなど、毎日使うこまごましたものは、引き出しにしまうと行方不明に。そんなときはトレイを用意。出し入れカンタン。一時避難にも便利です。

忍法ブラ〜リの術
床にモノは置かない。大きめのシンプルなエコバッグに散らかしたものを入れて、取りつけたフックにバッグごと引っかけます。

忍法背比べの術
とりあえず、引き出し収納や本の高さと向きがなんとなくそろっていれば、棚の見た目もスッキリな印象に。

忍法はりつけの術
棚の側面や扉の裏側に、布袋をピンで留めれば立派な収納に。わざわざ収納グッズを買わなくてもOK。

衣類が山積みの洗濯カゴには、シンプルな大きめの布をバサッと!
ごちゃごちゃ感がなくなりスッキリさ〜

忍法セルフサービスの術
家族に1人1つカゴを用意。乾いた衣類は、家族それぞれのカゴへ入れます。しまうのは各自にお任せ。

忍法ポイポイの術
子ども用に1人1つ、ビッグサイズの箱を用意。おもちゃやおえかきセットなど、子どもにポイポイ入れさせて。

目立つホコリをティッシュでサッ
床にたまったホコリや髪の毛など、掃除機を出すのがめんどうならティッシュで拾うだけでもスッキリ。

体温計を定位置にしまう
乳幼児は、登園前の朝の検温が欠かせない場合も。体温計が定位置にあるだけで、朝の「アレどこ!?」のストレス軽減に。

玄関の上だけ整理整頓
DMを束ねる、家の鍵と自転車の鍵だけわかる所に置いておくなど。玄関まわりが整然としていると、でかけるときも気持ちいいもの。

図書館で借りた本だけ、玄関に移動させる
「借りた本、どこ!?」が朝のタイムロスになることも。借りた本は玄関に。これだけでもなんとなくスッキリした気分になります。

『家しごとがもっと楽しくなるノート術』（家しごとのノート研究会・編、KADOKAWA）：多彩なノート活用法かつ、家事・家計・子育てのアイデア満載のスクラップブック。眺めているだけでも楽しい気分に。

NIGHT

今日も読むのかぁ…

毎日毎晩繰り返される 絵本の読み聞かせを楽しもう

☆絵本はおもちゃの1つです

「読み聞かせる」と言うと、意図的になにかしてあげる…そんな感じがしませんか？ でも、「絵本遊び」と言ったら、どうでしょう？ 物語を読んで聞かせる以外にも、絵本の魅力はたくさんあります。絵本はおもちゃの1つと考えれば、見方、遊び方、楽しみ方も、ちょっぴり変わってくるはず。子どもの手の届く所に、絵本を並べておく。それだけでも充分です。「絵本＝読んで聞かせる」という発想から、時には自由になってみましょう。

☆「読んで!」＝「ママがいい!」

1冊読むのに約3～5分として、仮に4冊せがまれたとしても、12～20分ほど。「読んで!」とせがむのは、本が目的ではなく、ママと一緒になにかしたいという子どもの気持ちのあらわれでもあります。寝る前のひとときは、一日の疲労もピークで大変ですが、寝るまで「あと20分」と割りきって。

『クシュラの奇跡 ――140冊の絵本との日々（普及版）』（ドロシー・バトラー・著、百々佑利子・訳、のら書店）：両親による絵本の読み聞かせで、高い知性と読む力を習得した障害を持つ少女の実話。

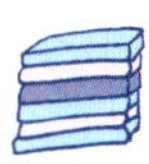

絵本遊びのマンネリ & ヘトヘト脱出法

自分が読みたい本を選ぶ

自分が読みたい絵本を、たまには用意しませんか? 「今日の1冊はコレ!」と、お気に入りを子どもと楽しむのもアリですよ。

新しい絵本と出逢う3つの「縛り」

❶タイトルの頭文字を決める
例:「る」で始まる
❷キーワードを決める
例:タイトルに「魔女」がある
❸ニュースや季節からテーマを決める
例:「パンダ」「オリンピック」など

心地いいリズムで選ぶ

リズムよく読めば気分も最高! 声に出したときに、日本語のリズムがとことん楽しめる本なら、何度読んでも苦になりません。詩集、七五調、言葉遊び、回文の絵本などを中心にセレクトするのもいいですよ。

おすすめ本

- 『あっちゃん あがつく』(さいとうしのぶ・作、みねよう・原案、リーブル)
- 『ことばあそびうた』(谷川俊太郎・詩、瀬川康男・絵、福音館書店)
- 『わっしょい のはらむら』(工藤直子、童話屋)
- 『ともだちぱんだ』(やましたこうへい、教育画劇)
- 『つつみがみっつ』(土屋耕一・さく、たざわしげる・え、福音館書店)

あえて「文字のない絵本」を選ぶ

絵本というからには、絵だけの物語にどっぷり浸るのもいいものです。子どもと眺めながら…想像の世界がグンと広がります。

おすすめ本

- 『もりのえほん』(安野光雅、福音館書店)
- 『星のふる夜に』(千住博、冨山房)
- 『ジャーニー 女の子とまほうのマーカー』(アーロン・ベッカー、講談社)
- 『なんにかわるかな?』(パット・ハッチンス、ほるぷ出版)

子どもに大人気の『はらぺこあおむし』。ボクは、食べ物がたくさん出てくるところを、ご当地グルメとか特産品でアレンジしちゃうんだ～
たとえば、群馬県なら、月曜日は「だるま弁当」、火曜日は「下仁田ねぎ」、水曜日は「焼きまんじゅう」みたいにさ。子どもたちも笑うし、ボクも楽しくなるんだな～♪ まずは自分の地元バージョンを、さっそく作ってみて!

『どんな絵本を読んできた?』(「この絵本が好き!」編集部・編、平凡社):57人の著名人の絵本の思い出エッセイ。雨宮まみ氏の「理屈じゃない世界を楽しむのが絵本の楽しみ方」に、思わず膝を打つ。

NIGHT

なかなか寝つかない…

スッキリ朝を迎えるために
寝る前5分でできること

子どもがなかなか寝つかない原因は、生活習慣、夜の過ごし方、寝室などにあることも。ちょっと見直せば、ママも子どもも朝までスヤスヤ…寝起きスッキリに。

見直しその1

だんだん暗くする

睡眠のサイクルを調整するメラトニンというホルモンは、太陽の光を体で感じることで作られます。そのためには、体が昼・夜を感じ取らないといけません。徐々に電気を暗くして、最後は真っ暗が理想的。最近は、コンパクトで持ち運びできるタイプの小さなライトも出ています。これならトイレのときにも部屋全体の明かりをつけずに済んで便利。

見直しその2

部屋のカーテンを開けておく

一日のリズムを体で感じるには、太陽の光を浴びるのが大事。部屋に朝日が入るように、カーテンに少しスキマを開けておきましょう。夜明けとともに目覚めて、日没後は眠くなるというサイクルが自然とできてきます。

『どこかで だれかが ねむくなる』（メアリー・リン・レイ・詩、クリストファー・サイラス・ニール・絵、こうのすゆきこ・訳、福音館書店）：世界全体がまどろんでくる、幻想的なベッドタイムストーリー。

見直しその3 **寝る直前にお片づけ**

目覚めの気持ちのよさは、スッキリと整った環境であればこそ。床にぬぎ散らかした衣類や、使ったタオル、読みかけの絵本は、布団に入る直前にちょこっと整理整頓の習慣を（98～99ページ参照）。翌朝の着替えもセットできたら、朝を迎える準備万端！　安心が安眠につながります。

見直しその4

眠る前に一緒にストレッチ

ちょっと体をほぐすだけで、いい眠りを誘います。161ページのヨガポーズはおすすめです。

寝る前5分じゃないけど…

眠る前にホットミルク

牛乳にはトリプトファンという成分が含まれており、眠気を誘う効果があるのだとか。就寝の30分くらい前に少し飲ませると、体も温かくなり、安眠につながります。

寝る前5分じゃないけど…

昼間、おもいきり遊ぶ

やはり、日中の活動なくして、よい睡眠はありえません。昼間たくさん遊んで体を動かす生活習慣を心がけましょう。ママも、子どもと遊ぶときは、汗をかく覚悟で（7幕参照）！

見直しその5

スキンシップでほっこり気分

手のぬくもりが安心につながり、ぐっすり眠れるということも。背中をトントンやさしくたたいたり、手をつないだりしながら、寝息が聞こえるまでそばにいてあげると、子どもは安心します。

見直しその6

寝る直前にテレビやゲームはナシ

ブルーライトの影響でメラトニンが分泌されにくくなり、寝つきが悪くなります。眠る直前は刺激をできるだけ少なくしましょう。

寝る前5分じゃないけど…

ゆったりとした音を聞く

波の音、自然の森の音など、うっとりするような音楽が、心地いい眠りを誘います。眠る1時間くらい前から聞き始めて、少しずつ眠りへのウォーミングアップです。

『あかりをけすと』（こばやしゆかこ、学研教育出版）：あかりを消すとうごめきだす、テレビ、ソファ、絵など家中のさまざまなもの。最後に動き出すのは―？

嫌われ野菜たちの攻略法

いつかわかってくれればいいな！　野菜にホレ直す味わい方いろいろ

ほうれんそう

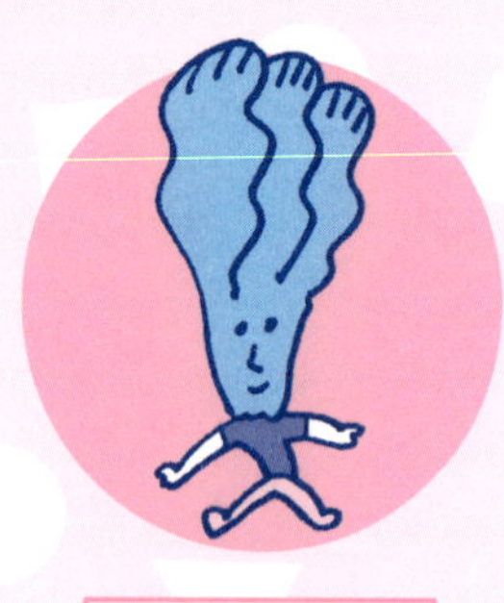

LEVEL: ★★

ココがイヤ！

繊維が噛みきれない

攻略のツボ

頑固な繊維質はフードプロセッサーでなめらかに

意外とイケる！レシピ

ほうれんそうだんごのスープ

ほうれんそう、薄力粉、みそをフードプロセッサーで混ぜてだんごの生地を作る。好きな野菜を入れたコンソメスープに、だんごの生地をポトポト落とす。

トマト

LEVEL: ★★★

ココがイヤ！

独特の酸味と、ぬるっとしたところ

攻略のツボ

じつは、豆乳との相性バツグン

意外とイケる！レシピ

豆乳トマトスープ

トマト、豆乳に塩をひとつまみ入れてミキサーで混ぜるだけ。トマトの代わりに有塩のトマトジュースを使ってもOK。

ピーマン

LEVEL: ★★★★

ココがイヤ！

独特の苦み

攻略のツボ

30秒～1分の加熱で、かためにサッとゆでると苦みが和らぐ

意外とイケる！レシピ

ピーマンの韓国のり和え

千切りにしたピーマンを熱湯で約1分ゆでて、ざるで水をきり、ごま油、細かくちぎった韓国のりで和える。おかかやじゃこも相性バツグン。

『ライブえほん　いぶくろちゃん』（平田昌広・作、平田景・絵、学研プラス）：おなかがすいたいぶくろちゃんはバナナとみかんをまるごとパクリ！　胃袋の気持ちになって、食べ物の通り道のことを学べる。

にんじん

LEVEL: ★★★★

ココがイヤ!

独特のにおいと味

攻略のツボ

しっかり炒めて水分をとばせば、においが消えて甘くなる。できるだけ細かく切る…目指すは刺身のツマ！

意外とイケる！レシピ

にんじん炒め

スライサーやピーラーで、にんじんを千切りや薄切りに。油を熱したフライパンに、にんじんと塩を入れて炒める。最初は強火で水分をとばすようにして5分ほど、それから弱火にしてさらに5分。味見してやわらかく甘くなったらできあがり。パスタやサンドイッチに加えてみて。

ごぼう

LEVEL: ★★

ココがイヤ!

繊維がかたくて噛みきれない
きんぴらごぼうのイメージが強すぎ

攻略のツボ

きんぴら以外の味と食感を提案

意外とイケる！レシピ

ごぼう揚げ

ごぼうはスライサーでささがきすればラクチン。さっと水でぬらして水気をきったら、ごぼうと薄力粉をボウルに入れて全体にまぶす。箸で少しずつつまみ、フライパンで低温に熱した油で、7〜8分かけてきつね色になるまで揚げる。最後に塩をふる。

ブロッコリー

LEVEL: ★

ココがイヤ!

独特の青くさいにおい

攻略のツボ

くたくたになるほど煮れば甘くなる

意外とイケる！レシピ

じっくり煮込んだブロッコリー

ひとくち大に切ったブロッコリーを、箸でつついて崩れるくらいまで煮る。水気をとばして、塩、オリーブオイルをかけてできあがり。ブロッコリーのビタミンKはチーズのカルシウムと相性バツグンで、骨を丈夫にする食べ合わせ。トーストの具にもおすすめ。

『わくせいキャベジ動物図鑑』（tupera tupera、アリス館）：体がトマトの「トマトン」、口がカボチャの「カバチャ」などのユニークな生き物たちが勢ぞろい。身近な野菜の数々に親しみが湧いてくる。

ごはんにまつわるエピソード

第４幕

「おかえりなさ～い」で大人時間スタート！

～夫婦の絆を深めるゆるコツ～

PAPA & MAMA

夫（パパ）がなにを考えてるか、わからない…

たぶん、パパってこんな生き物 パパ解体新書（パパトミー）

- じつは「すごい！」「えらい！」と認めてもらいたい（とくに家族には）
- 家族に必要とされたい。信頼されたい
- 明日の仕事のために、家ではリラックスしたい
- 落ち込んでいるときは、そっと見守っていてほしい
- 具体的に指示してほしい
- 感情を素早く言葉にするのが苦手
- 疲れているときは、あまり話したくない

※注：個体差があるので、あくまで一例としてご覧ください。

『461個の弁当は、親父と息子の男の約束。』（渡辺俊美、マガジンハウス）：高校3年間、一人息子にお弁当を作り続けた父。男親の愛情表現に思わずグッとくる。お弁当作りのコツも満載。

パパの元気をよみがえらせよう

個人差はあれど、人間は基本的に「必要とされたい」「認めてもらいたい」願望が強いもの。逆にその気持ちが満たされていないと、不安になったり、自信をなくしたりしてしまうのかも。「最近、パパ元気ない?」と思ったら、"パパのいいところ"を、こんなふうな言葉で伝えてみませんか?

パパの仕事はすごい

「仕事=男の沽券(こけん)」と思っている男性は多いもの。「パパは、仕事で英語を話すんだよね」「パパは○○を作ったんだよ」「毎日朝早く起きてすごいよね」など、パパの仕事でのがんばりを見つけて、子どもと一緒にほめましょう。

パパは頭がいい

頭脳派パパも、かっこいい。「パパは難しい漢字をいっぱい知ってるんだよね」「パパはあっという間に足し算できちゃうよね」など、「できるな」と思ったところを口にして。

…つまりさ、逆を言えば、ママの元気をよみがえらせるのも、ボクってことだよね。
あ、ゴキブリ退治は、ママのほうが上手
…しかも、オセロでも勝ったことない。
…ママ、すごい!

パパはスポーツマン

身体能力の高さは、男親としてのポイントの高さに比例します。「パパのサッカーのシュートかっこよかったなぁ」「腕相撲で負けたことないって聞いたよ」など、スポーツマンのパパの栄光の歴史にちょっぴり触れてあげましょう。運動神経バツグンのパパは、子どもにとっても自慢です。

パパはなんでも直せる

家庭用品の修理、家具や自転車の修理など、わざわざプロを呼ぶほどじゃないけど、直せなくて困るものって、暮らしの中にたくさんあります。こまごましたものを、あっという間に直せる器用なパパは、頼もしいです。「やっぱり、パパに頼んでよかった」「パパがいないと困っちゃうね」とたくさん伝えましょう。

パパは強い

「このゲーム、何度やっても、パパには勝てない」「ジャム瓶のフタ、軽々開けちゃうなんてすごい」など、遊びや暮らしのさまざまな場面で「パパしかできないこと」があったら、それもいいところの1つ。パパ=オンリーワンを、おしみなく伝えます。

『総理の夫』(原田マハ、実業之日本社文庫):史上初の女性総理となった相馬凜子42歳。その夫の目線から綴られる奮闘の日々を日記形式で描く、痛快であったかい、政界エンタメ小説。

そろそろ記念日、誕生日…

贈り物やメッセージ「ありがとう」の伝え方いろいろ

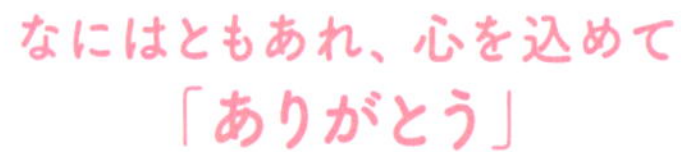

なにはともあれ、心を込めて「ありがとう」

一緒にいて当たり前、育児をして当たり前、家事をして当たり前…家族になって年月が経つと、だんだん“すべてが当たり前”に。過ごした時間に反比例するようにお互いへの感謝が薄れてくることも。特別な贈り物やぜいたくな外食もいいけれど、心を込めた「ありがとう」を、まずはシンプルに伝えてみませんか？

ママとなった今の幸せを伝えたいな…

「私をかわいい2人の女の子のお母さんにしてくれて、ありがとう」

「あなたに似た息子を持てて、大変だけど、幸せです。ありがとう」

ママとしての今の自分があるのは、パパがいてくれたからこそ。記念日や誕生日はそのとてもシンプルな原点に立ち返ってみる、いい機会。子どもを授かった日のことを思い出すと、自然と言葉が出てくるかもしれません。

『ピンクペッパー』（南Q太、祥伝社）：40代で子育てを始めた夫婦の物語。ゆったりと、自分と周囲の変化を受け入れていく姿が素敵。成熟した大人2人だからこそできる子育てがあると気づかせてくれる。

お金をかけずに 絆を深めるプレゼント

気ままな"1人時間"を

「たまには、1人で気ままに過ごしたい」という気持ちはパパも同じ。だったら、それを贈り物にしちゃいましょう。「今日は心置きなく飲んできていいよ」「1人で自由に出かけてきて大丈夫だよ」と送り出してあげます。あるいは、「今日は一日中、家でゴロゴロ寝てていいよ」と言って、子どもを連れてママは外出。家でのんびりの時間のプレゼントです。

記念日限定の"亭主関白"を

一日限定の特別扱いです。出勤時と帰宅時は、家族そろって玄関で、「いってらっしゃい」と「おかえりなさい」。晩酌のお酒と肴はいつもよりワンランクアップ。お風呂はもちろん一番風呂（&お背中流しつき）。パパは声だけの指示で、「アレ、取って」もOK。もちろん、ママは終日笑顔。…ちょっとハードル高い!?

"マッサージ&耳そうじ"を

頭、手の平、肩、背中、腰、ふくらはぎ、足裏…パパが気持ちいいところをもんであげます。誰かにやってもらう耳そうじも、気持ちいいもの。気恥ずかしいときは、子どもにも応援を頼んで！

メッセージの書き出しに迷ったら…

「あなたと結婚できてよかったです。ありがとう」

「いつも私たち家族のために、ありがとう。これからもよろしくね」

メール、プレゼントに添えるカードなど、お祝いの日のメッセージの書き出しに迷ったら、「今日が夫と一緒にいられる最後の日」だと想像してみては？　いつもとは違った、素直な気持ちになれるかもしれません。

プレゼントをもらったら…

「ありがとう。私がほしいもの、よくわかったね。さすが！」

「ありがとう。こういう心遣い、あなたらしいよね」

なにをもらえるかばかり考えていると、つい、自分が与えることに鈍感になってしまいます。たとえ期待外れな贈り物でも、用意してくれた手間と気遣いには120%の思いやりの言葉で返したいものです。

ママが笑顔でいてくれたら、それだけで嬉しい

『ありがとうの神様』（小林正観、ダイヤモンド社）：ただ素直に「感謝する」ということを、改めて重要に感じられる1冊。読むとたくさん「ありがとう」と言いたくなる。子育てに関する項目も。

最近、会話減ってるなぁ…

コミュニケーション増量

夫婦の話題がちょっぴり増えるコツ

●テレビ番組を1つだけ一緒に見る

「CMの子、あの連ドラの主人公だよね?」「この主題歌、どっかで聞いたことない?」など、ドラマ、スポーツ、ニュース、なんでもOK。1つでも一緒に楽しむテレビの時間があれば、そこから話題が連鎖していきます。

●夫婦で1行交換日記（兼、家族の連絡ノート）

帰宅時間のズレから生じるすれ違いは、連絡ノートでカバー。「今日のごはん、おねえちゃんが目盛りまで水を入れて炊きました」「おつかれ～、ヘトヘトなんで先に寝る」「予防接種で大泣き（T-T）」「週末、なんかおいしいもの食べに行きたいな」など。あえて1行に、"今日の私（&子どものこと）"を込めます。1行だから伝わることがあります。日記がハードル高ければ、まずはフセンメモからスタートでも。

『冷蔵庫のうえの人生』（アリス・カイパース・著、八木明子・訳、文藝春秋）：思春期の娘と母は冷蔵庫に貼るメモで会話する。短いメモ書きでも伝えられる喜怒哀楽は、無限にある。

◉「ちょっとそこまで」を共有

「そこのコンビニまで」「そこのスーパーまで」など、日常の「ちょっとそこまで」には、その人にとっての大事なものがつまっています。夫のよく買うもの、嗜好品などを改めて知るきっかけになるのでは?

◉家族全員で同時に「いってきま〜す!」

時間差の「いってきます!」が当たり前になっていたら、あえて、夫婦そろって、もしくは家族全員で、同時に家を出る日を作ってみては? 1つ目の角まで歩くだけでも、ちょっと新鮮。一日のスタートラインに同時に立てるって、なかなか素敵です。

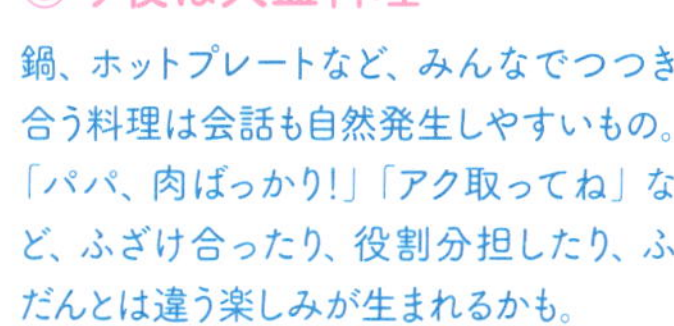

◉今夜は大皿料理

鍋、ホットプレートなど、みんなでつつき合う料理は会話も自然発生しやすいもの。「パパ、肉ばっかり!」「アク取ってね」など、ふざけ合ったり、役割分担したり、ふだんとは違う楽しみが生まれるかも。

◉無理に話さなくていい

会話が減っていることの不満はなにか? それを掘り下げていくと、あんがいと根拠のない不安であることも。無理に話さなくても、なんとなく一緒にいられる。それが家族のよさ、ということもあります。"よく話す夫婦=ハッピー"とは限りません。

『家族新聞』(浅田政志・共同通信社、幻冬舎):老人ホームが我が家、ペットも家族、SNSが団らんなど、現代日本のごくふつうの家族を収めたフォトブック。家族ってなんだろう?と、考えるきっかけに。

話を全然、聞いてくれない

もっと仲良くいたいだけ

理解を深める考え方

まず、「夫が話さない＝自分を嫌いになった、不機嫌」というわけでは決してないということを、覚えておきましょう。もちろん人によりますが、疲れていたり、落ち込んでいたりするときは、女性は「話を聞いてほしい」と思うのに対し、男性は「多くを話したくない」と思うもの。「なんで聞いてくれないの!?」とイラッとしたら、この違いを思い出してみて。

疲れているときの感じ方の違い

ママの心の声
パパの心の声
誰かに話を聞いてほしいなぁ
心配してほしいなぁ
気持ちを察してほしいなあ
ごはんのときにゆっくりパパと話したいなぁ
誰とも話したくないなぁ
そっとしておいてほしいなぁ
黙っていても信頼してほしいなぁ

『びんぼう神様さま』（高草洋子、地湧社）：びんぼう神がいても仲睦まじく幸せな松吉一家。疎まれるはずの自分が神棚に祀られて、調子が狂いっぱなしのびんぼう神の姿が笑いを誘う。

平和的に会話するための 話しかけのコツ

ゆるりとしたときを狙う

帰ってきた瞬間、いきなり「ねえ、聞いてよ!」と話しかけても、面食らわれるだけ。聞く体勢を整える"間"を相手に与えるのも大事な配慮です。食事やお酒で気持ちが落ち着いたときなど、一息ついた頃合いを狙ってみて。

不満をぶちまけない

本当は話を聞いてもらいたいだけなのに、気がついたら、イライラの感情を爆発させていたということはありませんか? 夫は、ママの不安を共有する大事な相手。自分が相手からどう見えているのかをイメージしながら、淡々と伝えるようにしてみては。

"聞いてほしい"イライラがたまってくるのはこんなとき

- ☑ 自分が集中できる楽しみ、最近あった?
- ☑ 自分のことを後まわしにしてない?
- ☑ 我慢しすぎてない?

なんか、いつも聞いてあげられなくてごめんね…。なにも話さなくても仲良くしてるつもりだったんだけどなあ…

期待しすぎない

もしかしたら、自分の理想を押しつけていませんか? ちょっと辛そうにしていたら、自分から話さなくても「どうしたの?」と気遣ってくれて、自然と話を聞いてうなずいてくれて…そんな理想が強すぎて、自分の思い通りにならないとイラついていたのかもしれません。夫は大事なパートナー。でも、別の人間だということも忘れないで。

まず、夫の話を聞く

性格にもよりますが、夫が今日なにをして、なにを感じていたのかを聞く習慣をつけると、おのずと自分にも話がふられるはず。「別に」と言われたら「なにか嬉しかったことあった?」「笑ったことは?」など、感情にフォーカスして聞いてみるとなにか出てくるかも。

あえて話さない

今、タイミングよくないな…と感じたら、ぐっと言葉を飲み込んで。なにも言わずお茶やお酒、おつまみやお菓子を出したりして、話すことを見送ります。ただ静かにそばにいることが、夫婦の関係を醸成するときもあります。

『君のいる場所』(ジミー・作と絵、宝迫典子・訳、小学館):近くにいるのになかなか再会できない、もどかしい2人。大切な人が手の届く距離にいる幸せを、すれ違う2人が教えてくれる。

なんか、私ばっかり子どものこと、してない？

月齢、身長、体重＝日経平均株価くらい重要 夫婦で共有すべき〝子ども情報〟

分担すべきは家事だけじゃない！

子どもの重要情報、ママだけしか知らないと、いろんな場面で「ここはママじゃないと…」とバトンタッチされてしまいます。でも、最新情報をできるだけ夫婦で共有できれば、パパも自信をもって子どもの日常にかかわれます。

共有情報 1

子どもの月齢（×歳×か月）、身長、体重

これは、今日の日経平均株価と同じくらい重要な情報！ たとえば、小児科を受診して処方箋を出してもらうときに聞かれることも。子どもの「今」を正確に伝えられるかは、子どもの健康管理に直結します。乳幼児のパパなら、直近の医療機関での定期健診や保育園・幼稚園での健康診断の記録などは、常にインプットです。

共有情報 2

子どもの通院に必要なもの

子どもは風邪を引く生き物です（37ページ参照）。子どもが小さいうちは、かかりつけ医は育児の動線上にあると心得ましょう。診察券・保険証・医療証のコピーなどの通院セットは、パパが病院に付き添うことを想定して、すべて財布やかばんへ。ビジネスマン必携の名刺入れに準ずるアイテムとして、パパなら常時携帯すべき。

『水やりはいつも深夜だけど』（窪美澄、角川文庫）：子どもができて大変なのは妻だけじゃない。疎外感を抱えた夫が再び妻と言葉をかわす姿に、泣けてくる（「サボテンの咆哮」）。

共有情報 3

子どもが服用中の薬の名前

子どものお薬手帳まで携帯できないときは、現在服用中の薬名だけでもチェック。一度に飲む薬はそんなに多くないはずだから、1つや2つくらいなら、スラスラッと言えるようにしておきたいもの。取引先の担当者の名前だと思えば、朝飯前では？

共有情報 4

前回までの予防接種の記録と、次回の予防接種の予定

とくに0〜1歳くらいまでは、予防接種のオンパレード。体調が悪ければ、接種を見送ることもしばしばです。子どもの成長に合わせて「これだけ必要なんだ」という認識を持つことは、子どもの成長の喜びをママと共有することにもつながるはず。自分が付き添わなくても、知っておきたい大事なことです。

共有情報 5

子どもの行事日程や保護者会などの連絡

保育園や幼稚園から渡された「年間行事」のお知らせは、パパにも渡すのを習慣化しましょう。たとえ参加するのはママでも、子どもの暮らしや生活にかかわる大事なことです。仕事のアポイントと同じく、スケジュールにしっかりメモ。帰宅後、「保護者会、どうだった？」「どんなこと、話し合ったの？」など、ママとの会話のネタにもなります。子どもが2人以上いたら、「2週連続、運動会！」ということだってあり得ます。知らなかったでは済まされません。

ママに任せっきりにするつもりはないんだけど、「どう手を出していいかわからない」ってときもあるんだよね〜
2人の子どもなんだし「知っててほしいこと」は、どんどん教えてほしいな〜
ちゃんと聞くように、がんばるから！

『遊牧夫婦』（近藤雄生、ミシマ社）：新婚旅行はなんと5年!?　旅を暮らしにした夫婦のノンフィクション。旅は人生をリセットする装置、ちょっぴり息苦しいときは、見知らぬ土地へ旅立とう。

頼むくらいなら自分でやったほうが…

家事を上手に夫に割りふるひとこと

自分はなにをしてほしい？ 夫はなにができる？ を整理してみよう

「そうじくらいしてよ！」「子どもの面倒、ちょっとはみてよ！」は、よくあるママの怒りの声。でも、「そうじ」「子どもの面倒」とひとことで言っても、それはとても幅広く、じつに曖昧です。パパは具体的な指示があればちゃんと動ける性質の生き物。逆に言えば、曖昧な言葉は伝わらないし、言わずとも察してほしいという期待にもなかなか応えられません。パパに家事を割りふりたいときは、具体的な表現を心がけて。

「洗い物くらいしてよ！」

➡「自分の食器は、洗わなくてもいいから水にはつけておいてくれる？」

➡「乾いた食器は、棚に片づけておいてくれる？」

「そうじくらいしてよ！」

➡「寝る前に、床をコロコロできれいにしておいてくれる？」

➡「最後にお風呂入ったら、タイルをサッとふいておいてくれる？」

「子どもの面倒、ちょっとはみてよ！」

➡「今日は外出の予定があるから、1時～3時の間、子どもを図書館に連れていってくれる？」

➡「今から夕ごはんの支度をするから、その間、子どもたちと遊んでてくれる？」

「洗濯くらいしてよ！」

➡「洗濯機は回しておくから、寝る前に、干しておいてくれる？」

➡「今日の帰りに、洗濯用洗剤の詰め替えパック、買ってきてくれる？」

『私の絵日記』（藤原マキ、ちくま文庫）：漫画家つげ義春夫人が描く家族の風景。素朴な線画からそれぞれの息遣いが伝わってくる。ちょっと昔の暮らしの様子も懐しい気分にさせる。

夫は家事下手… どうつきあえばいい？

❶「どうせできないから…」とあきらめない

夫の得意分野を見つけるために、細かい作業をちょこちょこ手伝ってもらって。「たまった洗濯物には無関心だったけど、じつは、たたみ方が上手だとわかった」ということがあるかも。そうしたら「私より全然上手だね！」とほめます。家事の分担こそ、適材適所です。

❷ 話し合いや衝突を恐れない

どうせしてくれない→話し合いや衝突を避ける→あきらめる→負担はどんどん増える…こうなると、負のルーティンから抜け出せなくなります。家族の暮らしは、小さな変化を繰り返しながら続くもの。そのたびに、それぞれの役割分担や働き方に微調整が必須です。「私にばかり負担が多いな…」と感じたら、ためらわずに「なんとかしたいんだけど」と、気持ちを伝えて、家族みんなで解決策を考える習慣を作りましょう。

❸ どんな家事ならできるか、本人に聞いてみる

家事能力が限りなくゼロに近い人もいます。その場合は「どんな家事ならしたい？」「どんな家事ならできる？」と、本人に聞いてみましょう。「ゴミを出すだけならできる」「植木鉢の水やりならいい」「玄関のはきそうじならOK」となるかもしれません。、小さな折り合いをつけることが、ママの気持ちをラクにする第一歩です。

❹ 頼んだ以上、任せる

"自分の完璧"を相手に求めないことです。任された側にしたら、「そんなに言うなら、自分でやれ！」となってしまいます。自分の流儀とは違っても、「ま、やらないよりいっか」「手伝ってくれたことに感謝」くらいのおおらかな気持ちを忘れずに。

『服を捨てると幸せが見つかる』（やまぐちせいこ、SBクリエイティブ）：「相手を変えたい」という気持ちを手放すことが、家族で分担する"幸せな家事"の原点だと教えてくれる。

家事の具体化行動リスト

「家事をやった、やってない」の夫婦押し問答。原因は、「どこまでを家事ととらえているか」の認識違いにあることが多いものです。一度、1つの家事の作業工程を細かく書き出して、自分はどこをやり、相手にどこを任せるかを確認してみます。すれ違いからくるケンカも減り、家事全般がスムーズに流れます。

議題1：洗い物

きれいに食べきることも、
洗い物と無関係じゃないよ！

1 きれいに食べきる
2 油汚れをふきとる
3 シンクまで運ぶ
4 水洗いする
5 洗剤で洗う
6 泡を流す
7 ふく
8 ぬれたシンクまわりをふく
9 食器を棚に片づける
10 台ふきんを漂白剤につける

ココが大事！

排水口は、見て見ぬふりをしない

一日の終わりにネットを替える。この習慣だけで、イヤなぬめりはかなり防げます。泡の漂白剤をかけておけば、短時間でかなりスッキリ。

ココが大事！

食後のひとふき

油がべったりついたままの食器は、スポンジも汚れるし、洗う時間もかかります。でも、使った紙ナプキンやペーパータオルで、サッとひとふきしてもらうだけで、シンクの汚れも減り、余分な洗剤なしで洗うことができます。

『勝間式　超ロジカル家事』（勝間和代、アチーブメント出版）：経済評論家の著者が、楽しむ家事の具体策を伝授。面倒・不便を放置せず快適を追求しよう！と、家事への闘志がメラメラ沸き起こる1冊。

議題2:子どもの送迎

帰宅した時点で、すでに翌日の準備が始まっている!

1 (週末)金曜日に帰宅、汚れ物の洗濯
2 (前日)登園バッグに持ち物を入れる
3 (前日)連絡ノート・提出プリントへの記入
4 (直前)天気に合わせて出かける準備
5 (登園時)子どもの体調で気になることは先生に口頭で伝える

ココが大事!

持ち物の洗濯は、済んでる?

とくに要注意が、週明け月曜日。シーツ、バスタオル、上履きなどの大物を持っていくのはたいていこの日。「しまった、洗い忘れた!」がないように。金曜日に帰宅したら、持ち帰ったものはすぐに洗濯する習慣を。金曜日の帰宅時から、「翌週、園に送る」の家事工程はスタートしてるんです。

ココが大事!

子どもの様子、ちゃんと見てる?

とくに0〜3歳くらいまでは、連絡ノートに自宅での様子を記入するのが必須。食事の内容、排泄、入浴の有無、体調で気になることなどは、仕事で言えば、業務連絡のようなもの。書くことを意識すると、子どもを見る目も違ってきます。子どもを預ける工程には、「家庭でしっかり見届ける」というふだんからの意識そのものも、含まれるんです。

『家日和』(奥田英朗、集英社文庫):家族の連作短編集。会社倒産で主夫になったパパが、息子にブロッコリーを食べさせようと弁当作りに奮闘する姿が滑稽(「ここが青山」)。

お金のこと、ほったらかしにしてきちゃった…

幸せな毎日と未来のために

夫婦でコツコツ貯める仕組み作り

1つでも答えられなかったら、要注意！
さっそく「貯まる仕組み作り」会議です。

CHECK POINT

- ☑ お互いの収入額やその使い道を言えますか？
- ☑ 月々の貯蓄額はいくらですか？
- ☑ 毎月のおこづかいはいくらですか？
- ☑ 月々の保険料を、正確に言えますか？

STEP1

いくら稼いで、いくら使っているか、確認する

まずは、夫婦2人のお金の流れを把握するために、ざっくりと決算シートを作成します。とりあえず、ここ1、2か月くらいを確認してみましょう。細かい品目は追わなくてOK。通帳を見ながら、入金額や引き落とし額をざっと書き出していきます。

	項目	担当	内容	金額（月）
支出	生活費①口座引き落とし	夫	光熱費など	2万円
	生活費②お財布から出す現金	妻	食費・日用品	8万円
	住居費	夫	住宅ローン	10万円
	車の維持費	夫	駐車代・ガソリン代・保険	3万円
	通信費	夫	プロバイダ料・携帯電話	2万円
	通信費	妻	携帯電話	1万円
	保険料	夫	生命保険・医療保険	2万円
	保険料	妻	学資保険	2万円
	子ども費（長女）	妻	保育料・習い事	2万円
	子ども費（長男）	妻	保育料・習い事	1万円
	おこづかい	夫	趣味・外食	3万円
	おこづかい	妻	交際費・美容代	2万円
	そのほかの支出	夫	臨時の帰省	2万円
	支出合計額（A）		夫：24万円、妻：16万円	40万円
収入	夫の手取り収入			30万円
	妻の手取り収入			20万円
	世帯の手取り収入（B）			50万円
収支	（B）-（A）＝世帯で貯蓄できる金額			10万円
	実際の貯蓄額は？			5万円

【貯蓄力を判断する公式】

世帯の手取り収入の合計額 － 支出の合計額 ＝ 今、貯蓄できる合計額

『正しい家計管理』（林 總、WAVE出版）：自分と家族が、現在も未来も幸せに暮らすことを目的とした、本質的で建設的な1冊。とくに「どんぶり勘定」の自覚がある人は、生涯一度は読むべき。

STEP2

長期的な「貯蓄目標額」を決めよう

まずこの先5年、10年でいくら貯めたいかの理想を考えます。そのときの基準になるのは、「子どもを私立高校に入れたい」「5年後にはマイホームを持ちたい」などの夢。夢から決めた目標金額に達するために、月々の収入から、いくら貯蓄に回せばいいかを決めましょう。

ボクは5年後までに、1,000万円は貯めたい！　つまり年間200万円の目標金額だから、月々16万円貯金に回さないと…でも回せるのは10万円。どうしよう!?

STEP3

固定費を見直そう

貯蓄に回せるお金が少ない…と感じたら、固定費の見直しを。固定費とは、住居費や保険料など、毎月の一定額の支出のこと。目安は手取り月収の50％以内といわれています。固定費の変更は手続きが必要なものが多くめんどうですが、そこをおさえられると、貯蓄に回せるお金が増えます。

【固定費見直しの公式】　支出を年単位でチェック

月額料金 × 12か月 × 10年

【主な固定費】

- ☑ 住居費（家賃・住宅ローン）
- ☑ 車維持費（ガソリン代・駐車場代）
- ☑ 光熱費（電気・水道・ガス）
- ☑ 通信費（携帯電話・固定電話・プロバイダ料）
- ☑ 保険料（生命保険・医療保険）
- ☑ 教育費（学費・保育料）
- ☑ 習い事の費用

なけなしのおこづかいを減らして、携帯も安い会社に乗り換えようかな。食費も気をつけて、もう少し安いプランクトン屋さんを探そう…

STEP4

夫婦それぞれが自動的に貯める仕組みにしよう

貯蓄額を決めたら、夫婦それぞれに自動的に貯まる仕組みを作ります。たとえば、給与天引きの財形貯蓄や社内預金、給与振込の口座で自動積み立てにすると管理がラクです。

フォローアップを忘れない

年に1、2回、お互いにどれくらい貯まったか報告し合います。新年度や進学で給与や教育費が変わるタイミングは、見直しに最適です。

…ねえ、半年経ったけど、どれくらい貯まった？

『生きるための「お金」のはなし』（高取しづか、サンマーク出版）：お金の意義や使い方をあまり考えずに大人になった人も多いのでは？　お金に振り回されず、幸福な人生を送るためのヒント満載の1冊。

PAPA & MAMA

夫と仲良くするあれこれ

もう一度、恋心を抱ける（かもしれない）

夫が家にいると、ちょっとうっとうしい

 昔の名前で呼んでみる

「パパ」「お父さん」の前は…なんだった？　ちょっと照れくさいけど、あえて昔の呼び名で声かけしてみると、記憶がよみがえってきませんか？　そしたら、もう少しやさしい気持ちになれたり、小さなことが気にならなくなるかもしれません。たまにでいいんです。声に出すのが照れくさかったら、心の声で、呼んでみて。

 好きだったところを思い出してみる

人はそんなに簡単に別人になったりしません。うっとうしいと感じるその裏には、かつて心をときめかせてくれた“なにか”が、まだあるのでは？「週末は趣味の車のことばっかりだけど、昔はドライブでいろんな所に連れていってくれたなぁ」「無口でなに考えてるのかわかんない。でも、一番辛いとき、黙って話を聞いてくれたっけ…」など。いいところとイヤなところは紙一重です。

 徹底的に笑わせる

最後に夫が腹の底から笑うのを見たのは、いつでしょうか？　思いあたる節があれば、即実践。あの手この手で笑わせて。ゲラゲラ、ガハガハ笑うのを見たら、なんだかこちらまで嬉しくなるもの。「あ、こんな笑顔してたよね」「そうそう、この感じ、懐かしい」とほっこり幸せな気持ちになれるかも。笑いの効果は偉大です。

📖『しろいうさぎとくろいうさぎ』（ガース・ウイリアムズ・文・絵、まつおかきょうこ・訳、福音館書店）：「一緒にいたい」という素直な気持ちで結婚したうさぎたち。惹かれ合った頃を思い出させてくれるかも。

2人で共通の「夢」を持つ

日々のことに追われていると、お互いに夢見るのが下手になります。たとえば、子どもの教育、マイホームのことなど、現実的なことを話題にすると「ガチトーク」になりがちですが、夢を語り合うための「ネタ」くらいで話すならちょうどいいもの。共通の「こうしたいな」が増えると夫婦の会話も、ホカホカしてくるのでは? 「備えつけの本棚がある書斎がほしいな」「ウチの子が水泳でオリンピック選手になったら、どう!?」など。夢なのだから、理想は高ーく、甘ーくでOK!

「ありがとう」「ごめん」を徹底する

当たり前のことができていない…それが常態化していませんか? よそったごはん茶碗を渡すとき、なにかを取ってもらったとき、ちょっと言いすぎちゃったとき…。もし、「ありがとう」「ごめん」が言えなくなっていたら、それはお互いを大事にできなくなっているときです。意識して声に出して、お互いの関係を少しリセットしてみて。

「夫婦なら一緒に」を当たり前に思わない

「夫婦ならできるだけ一緒に過ごしたい」「同じことを一緒に楽しみたい」、そう思っていませんか? でも、"一緒に"にこだわるあまり、どちらかが無理すると、イライラの原因にも。大事なのは過ごす時間の多さよりも、お互いの充実感。量より質です。お互い平日は忙しいなら、休日は好きなことをする時間を別々に持てばいいんです。恋人、夫婦、親…時間の経過とともに、2人の関係性も変わっていきます。これからも、日々変化と進化の繰り返し。一緒にいないときに相手のことを想う幸せも、甘美なものです。

『お父さん、だいじょうぶ? 日記』(加瀬健太郎、リトルモア):男の子3人を子育て中の写真家パパの写真日記。やんちゃ盛りの子どもたちの様子も愉快だけれど、丁々発止の夫婦のやりとりが、とにかく最高。

夫の言葉にカチンときた…

ケンカ勃発の火種になったひとことって？

いろいろなママに聞いた、リアルなパパの「はぁ？」なコメント。それに対するママの心の中のツッコミを集めました。

「後でする」

（皿洗いや洗濯物干しなどを頼んだとき）

「後っていつ？やるなら〝今〟でしょ！」。

今忙しそうにしているわけでもないのに、「後で」と言われたら思わずムカッ。

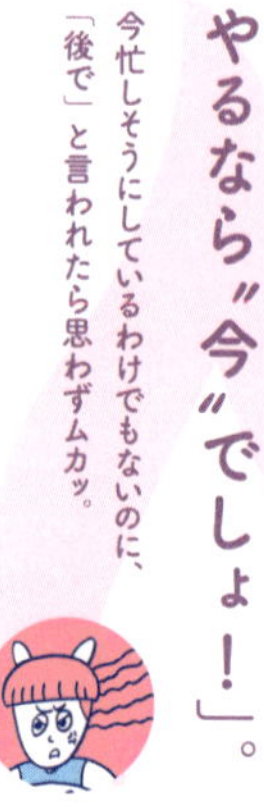

「急に飲みに誘われた」

「私には〝急に〟は許されないんですけど！」

夕方以降、子どもにつきっきりの私の立場に立ったら、そのセリフ、ホントに言える？

『泳ぐのに、安全でも適切でもありません』（江國香織、集英社文庫）：手に取るようにはっきりとした、愛にまつわる描写は圧巻。自分の中から動物的な感情が呼び覚まされる短編集。

「おはよう、〇〇ちゃん。今日もごきげんだね♪」

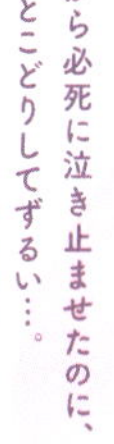

「…あなたが起きる直前まで、ギャン泣きだったんだけど…!?」

朝から必死に泣き止ませたのに、いいとこどりしてずるい…。

（戸棚を開いて）「…ねえ、ティッシュないよ」

「だったら、自分が買ってくれれば!?」

私が補充するのが当たり前になっていることに、モヤッ。

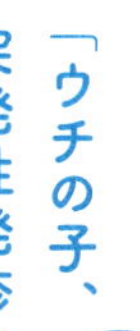

「ウチの子、突発性発疹になっちゃって、40度も熱が出ちゃってさあ」

「通院の付き添いも看病も、全部私がやったんですけど…!?」

子どもが病気で大変だったことを、私が話したまんま、さも当事者のように友人に話してる。あなたは事後報告を受けただけでしょ！

火種をもみ消すには…

「連絡もナシに…こんな遅くまでなにしてたの？」「ゴロゴロしてるなら、夕飯の買い物でも行ってきてよ！」など、言いたいことがおさえきれなくなる瞬間はどうしてもあるもの。しかし、瞬間的な怒りはわずか6秒でおさまるのだとか。イラッ！の導火線に火がついたら、感情的になりすぎないように、いったん深呼吸します。怒りが暴言にならないように「遅くまで大変だね。たまには一緒にごはんが食べられるといいんだけど」「疲れてそうだね。気分転換に散歩でもしてきたら？ ついでに買い物も頼んでいい？」と、「ねぎらい↓願望」の順をちょっぴり意識して言葉を続けてみて。

『王子と赤ちゃん』（カワハラユキコ、講談社）：マイペースな夫に振り回されっぱなしの産後クライシスの日々を綴ったコミックエッセイ。「育児をしない夫はいらない！」のセリフは痛快。

ケンカしたいわけじゃないのに…

ドロ沼になる前に 夫婦ゲンカの心得

まず、「ケンカしない夫婦＝いい夫婦」という神話を捨てます。できればケンカはしたくないもの。でも、気がつけば、似たような口論を繰り返している…というのが、ふつうの夫婦の日常。ケンカは「するもの」と割りきれば、ちょっとは気がラクです。ただ、必要以上にストレスにしないためには、どんなことに気をつければいいでしょうか？

意地の張り合い 地獄に陥らないために…

➡ケンカの原因からいったん離れてみる

ケンカの原因について「自分は絶対悪くない！」と思ってしまうのは仕方ないもの。ただ、ケンカをしたことで相手が傷ついたり憤ったりしたことについては胸が痛みませんか？　原因については譲れなくても、そこからいったん離れて、「きつい言い方をしてごめん」「イヤな思いをさせてしまってごめん」と相手が不愉快な気持ちになったことに思いを馳せると素直に謝れるかも。

勧善懲悪 地獄に陥らないために…

➡相手を完全な悪者だと考えない

こんな話があります。凶悪犯でさえ、自分がしたことを「悪い」とは思っていない。だから、相手のことを「あなたが悪い」と責めても、決してその人は変わりません。反発ではなく反省してほしいなら、「私は絶対悪くない。あなたが悪い」と言うのは、じつは逆効果です。

『まり』（谷川俊太郎・文、広瀬弦・絵、クレヨンハウス）：まりがころがり、ぽとんと落ちて、バットに打たれ、飛んでいく…。白黒つかずに、イラっ！　ムカっ！　としているときこそ開いてみたい、ナンセンス絵本。

売り言葉に買い言葉 地獄に陥らないために…

➡反射的に肯定的な返事をする

言い返したい気持ちをこらえて「そうね」「わかった」と、肯定的な返事をします。そのうえで、「でも」という逆説の接続詞を使わずに「私はこう思っている」ということを冷静に伝えます。売り言葉に買い言葉の不毛な口ゲンカにブレーキをかけて「建設的な話し合い」に持ち込みます。

聞かざる 地獄に陥らないために…

➡言い訳を聞いてあげる

パパは、事情や理由をちゃんと言えば、「許してもらえる」「わかってもらえる」と思い込んでいる生き物です。たとえ、「言い訳なんてウンザリ」が本音でも、パパの性質に配慮して、少しは聞く耳を持ってあげて。

言いたいことを言えないより、言い合ったほうがいいよね。でも、ただ「怒りたい」だけなのか、今より「幸せになりたい」気持ちがあるからなのか、少し考えてみるといいのかも

ここまですると、後戻りできなくなる…

- ☑ 暴力をふるう
- ☑ 育った環境や生い立ちに関することを悪く言う
- ☑ 容姿や体に関することを悪く言う
- ☑ 両親・家族・親戚のことを悪く言う
- ☑ 無視する

『おひさまと おつきさまの けんか』(せなけいこ、ポプラ社)：月と太陽のささいなケンカは次第にエスカレート、最後はどちらもこなごなに。夫婦や子どものケンカ、あらゆる争い事の虚しさを教えてくれる。

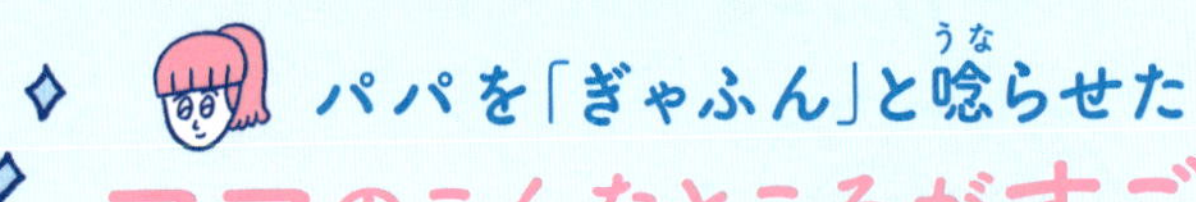

パパを「ぎゃふん」と唸(うな)らせた ママのこんなところがすごい

夜中の授乳

起きられない！

子どもの食べ残しを食べきる

無駄にしない
精神に、脱帽！

子どもの一挙手一投足、すべてを受けとめている様子

そのパワーは
どこからくる？

自転車４人乗りでも笑顔

自転車の前部と後部に子ども、一番小さい子は抱っこ紐に（もちろん、荷物もどっさり）。
それなのに、子どもと歌いながら疾走する…たくましすぎるよ！

妻、母、パートナー、いく通りもの顔を持つ

男はそんなに短期間で
顔を増やせない！

子連れで買い物
（しかも、重たい根菜類や牛乳も…）

自分なら確実にラクなほうを選ぶ。
大変でも、必要なら妥協しないで買う…その根性に頭が下がります。

『おかあさん、すごい！』（スギヤマカナヨ、赤ちゃんとママ社）：料理も裁縫もダメだったけど、今は無敵。小さな失敗を繰り返しながら、子どものためにたくましくなるお母さんの姿に、愛おしさがこみあげてくる。

あまり言葉にはしてないけど、これ本音

ありがとう

これ以上がんばらなくていいよ

もっと『辛い』とか弱音を吐いてほしい

今のままで十分です

さらに結束できて、家族になれた気がする

面と向かって言うのは照れるけど、ママの存在がとても大事なんだよ

『ハルさん』（藤野恵美、創元推理文庫）：天国の妻の声を頼りに、男手一つで娘を育てた人形作家のハルさん。いつか振り返ったとき、ハルさんのような涙を流せる子育てをしたい。

なりきる子ども

ゴチャ
ゴチャ
お部屋が汚いとオニが来るよー！
オニ来るの？
プン
プン
オニが来たよ
オニ
オニ
オニだよ〜
げ
まったく効果なし

第5幕

「じいじ、ばあば、いらっしゃ〜い」

〜祖父母と上手につきあうゆるコツ〜

GRANDPARENTS

助けてもらえるなら、お願いしたい…

関係をさらに円満にする 祖父母にヘルプを頼む心得

円満ヘルプの心得1

「じいじばあば＝当然」と思わない

いくら身内でも、頼られるのが常態化すると、ストレスがたまってしまいます。すぐに頼ろうとせず、まずは「夫婦2人でなんとかできないか」、あらゆる手段を考える習慣を。どうしてもダメなら、やりくりができない事情を伝えたうえで、相談します。「どうしても…」というニュアンスが伝わるだけで、助けたくなるものです。

円満ヘルプの心得2

「じいじばあば＝暇」と思わない

誰にでも、大事にしている自分たちの生活があります。たとえ定年退職していても、趣味、人づきあい、通院など、暮らしのリズムがあるのです。それを無視して「どうせ、時間あるんでしょ」という態度で、子守りをねじ込まないこと。「本当に大事な用事のときだけにする」「1週間前には予定を確認する」などの配慮を忘れずに。

円満ヘルプの心得3

「じいじばあば＝まだ若い」と思わない

じいじばあばは、やっぱり自分たちよりも年老いています。年齢、体調、性格に配慮して、子守りをお願いしましょう。たとえば、「2、3時間だけなら大丈夫」「子連れで外出は無理だけど、家で面倒みるならOK」というように、「可能な範囲の子守り」をしっかり確認しておくとお互い安心です。

『ぼくのおじいちゃんのかお』（天野祐吉・文、沼田早苗・写真、福音館書店）：どこにでもいそうなおじいちゃんの顔が、なぜか面白く見える写真絵本。今度は自分のおじいちゃんの顔も、じっくり観察してみよう！

円満ヘルプの心得4

「じいじばあば＝万能」と思わない

必要なものがそろってなくてアタフタしないように、必須アイテムはわかりやすいようにまとめておきます。また、どんなときにぐずりやすいか、どんな遊びが好きかも伝えておいて。「子育て経験者だし、言わなくてもわかるよね」というのはあまりにも無神経。乳幼児の世話をしていたのが何十年前のことか…そこに想像力が働くかどうかで、じいじばあばへの配慮も違ってきます。

円満ヘルプの心得5

「じいじばあば＝財布」と思わない

外出ついでに外食したりおもちゃを買ってもらったり…。孫のためにじいじばあばが支払ってくれる場面も多いもの。また、家に来てもらう場合は交通費がかかることもあります。子守りに伴う出費は、どんなささいなことであれ、「ありがとう」と感謝を伝えましょう。また、家で夕ごはんも食べさせてもらったら、お礼として1品おかずを持参して、感謝を伝えてもいいです。子守りには出費が伴うことを心得て。

身内に頼んで気を遣うくらいなら、いっそ、お金を払ってベビーシッターに頼むほうが気楽じゃないかな。あ、でも、ボクの子どもは数百匹…シッターさん、何人いればいい…!?

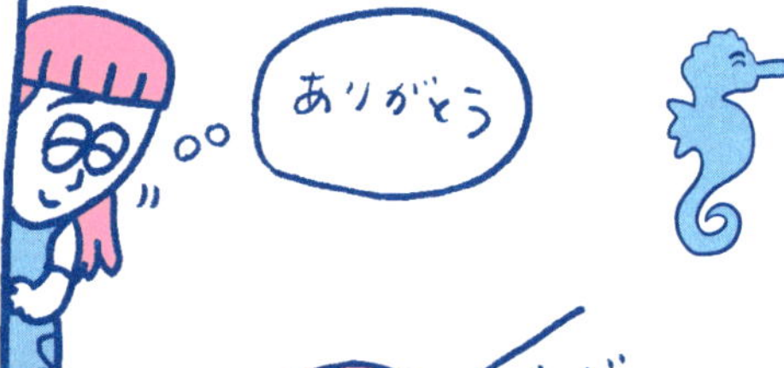

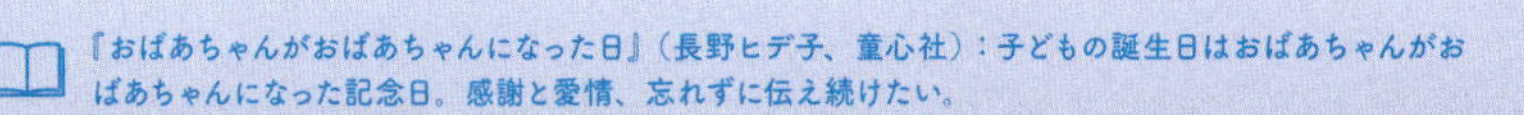
『おばあちゃんがおばあちゃんになった日』（長野ヒデ子、童心社）：子どもの誕生日はおばあちゃんがおばあちゃんになった記念日。感謝と愛情、忘れずに伝え続けたい。

GRANDPARENTS

その子育てアドバイス、ちょっとなぁ…

やり方やスタンスの違う祖父母の干渉、どうかわす？

いよっ！ かわし上手！

聞き入れがたい提案は、適当にスルー。「知りませんでした～」「そうなんですか!?」と聞き流します。まともに受けとめる必要ナシ。「…そういえば、この間のお母さんのシチュー、おいしかったな～」と、話題を変えてしまいましょう。

いよっ！とぼけ上手！

同じことを二度言われたときは、「あれ？　忘れてました～」と、しれっとお返事。ただ、忘れたのは失礼にもなるので、「もう一度、教えてもらえますか？」とフォローのひとこともセットで。

いよっ！ 正直者！

「私は、こう教えられてきたんです。ママ学級でも同じように教わったので当たり前だと思ってました。どうしてお母さんは、このやり方なんですか？」と、わからない気持ちを素直な「なぜ？」に込めて、質問返し。理由を話すうちに、お互いの違いを知るきっかけにもなります。

『祖父母手帳』（森戸やすみ・監修、日本文芸社）：母乳の与え方から、赤ちゃんの寝かせ方まで、子育てはたった一世代でも隔世の感あり。祖父母世代との意識の違いを理解するのに役立つ１冊。

いよっ！ 根回し上手！

「自分の意見はこうです」とただ言うだけだと角が立つことも。そんなときは、"第三者の意見"であることをアピールして、納得させて。「かかりつけの小児歯科の先生に、こう指導されたんです」「幼稚園の先生に、お箸は年長組になってからと言われてるんです。無理に使わせると変なクセがつくみたいで…」というように。会う前に第三者の意見を集めておく周到さも大事です。

いよっ！ 正当派！

かわしたり、とぼけたりでは対処しきれない場合もあります。どうしても"自分たちの子育て"において譲れないことであれば、「私たちは、こう思う」「私たちには今、これが必要」ということを、折りに触れてアピールし続ける努力をしてみましょう。

ママっていろんな「強いもの」に変身できるんだね。ボクもなにかに変身したいな。一番変身したいもの？　うーん、馬！

いよっ！ 太っ腹！

子守り、料理、しつけのことなど、やり方の細かい違いにいちいち反応していたら身が持ちません。だったら、「任せます！」のスタンスで、委ねてしまいましょう。期間や時間限定ならそれもいいのでは？　夫との家事分担のコツにも通じますが、任せる以上はできるだけ静観するように。

『おじいちゃんは106さい』（松田もとこ・作、菅野由貴子・絵、ポプラ社）：大家族が最長老のひいひいじいちゃんを見送る日がやってくる。命のバトンタッチ、子どもに伝えたい。

GRANDPARENTS

ありがたいこともあるけれど…

プレゼント、服…子どもに甘〜い祖父母にはこう言う

家でNGのテレビ番組を見せる

「ありがとうございます。お気持ちは嬉しいんですが、一度見始めると止まらなくなりそうなので、まだこの番組は見せたくないんです」というように。まだ食べさせたくない甘いお菓子も同様です。頭ごなしに「ダメなんです」ではなく、善意を“感謝の言葉”で受けとめてから、ママのスタンスをプラスして。

プレゼントやお金をやたらとくれる

「楽しみに待つ気持ちを経験させたいんです」「あと半年もすればお誕生日ですから、そのときにいっぱいお祝いしてもらえたほうが、子どもも喜びます」というように、ハレの日とケの日のメリハリをつけたいこと、子どもに特別な日を思う存分味わわせたいことを伝えます。

趣味に合わない服を送ってくる

贈り物には、まず感謝を伝えるのが大事です。ふだんからいい関係を築いておけば、こちらの本音も言いやすくなります。頃合いをみて、「じつは、柄物のお洋服はけっこう持っているので、シンプルなデザインや無地のほうが、合わせやすくて助かります」「ちょっと前まではアンパンマン大好きだったけど、今はもう見向きもしないんですよ。好きな時期は限られているから、できるだけキャラクターグッズじゃないほうが、たくさん着られて嬉しいです」というように。

『絶望図書館――立ち直れそうもないとき、心に寄り添ってくれる12の物語』(頭木弘樹・編、ちくま文庫):人間関係の面倒くささの核心をついた「車中のバナナ」は必読。

しょっちゅう孫に会いたいと遊びにくる

かわいがってくれるのはありがたいけれど、あまりに頻繁だとちょっとストレス…。そう感じたら、先手必勝！「今度の土日は、キャンプで1泊旅行なんです」「保育園の行事があって…」など、こちらの予定を事前に伝えてしまいます。定期的に遊びに来るなら、渡りに船とばかりに「その日はちょうど私も出かける予定があったんです。そしたら子守りをお願いできますか？」と提案してみては？

我が家のルールに聞く耳を持たない

「家ではこうしてます」というルールを伝えてもなかなか納得してくれなかったら、一度「どうしてですか？」と理由をたずねてみるという方法も。それで納得がいけば折れればいいし、納得がいかなければ、こちらの主張をもう一度伝えてみます。

もらえるもんは、もらっとけぇ〜♪なんてパパは思っちゃうけどね、ハハ！ …そんなこと言ったらママの導火線に火がついちゃう〜ルル〜

あらら…
たくさん食べなさい〜
甘いものが好きね〜

『西の魔女が死んだ』（梨木香歩、新潮文庫）：不登校になった主人公は祖母の家で"魔女修行"をすることに。それは自分で考え、選ぶという自立へのレッスン。両親とは違う距離感で孫を包み込む祖母の存在は、偉大。

GRANDPARENTS

なかなか行けなくて、スミマセン…

孫に会えない祖父母を 遠方にいながら満足させるツボ

テレビ電話で似顔絵を見せる

テレビ電話だけでも喜ばれますが、孫の描いてくれた似顔絵を見ると、さらににっこり倍増。自分たちを気にかけてくれていることが嬉しさにつながるはず。「今度おじいちゃんに会ったらなにして遊びたい？」と聞いてみると、離れていても気持ちの距離は縮まります。

じいじばあばの誕生日に手紙＆プレゼントを

いくつになっても、生まれてきたことを祝う誕生日は嬉しいもの。誕生日はしっかり把握しておいて、プレゼントと手紙を添えて。「子どもががんばって選んだこと」を伝えれば、どんなものでも立派な贈り物になります。

プレゼントの相談をする

なかなか会えない、子育てのヘルプもできないとなれば、遠方の祖父母は、「孫や子ども夫婦になにか贈りたい」と思っていることも。だとしたら、会話の中でそれとなく「こんなものがあると助かるんですけどね」「最近、ジグソーパズルが大好きで」と、祖父母がプレゼントしやすい"ヒント"を出します。

『おばあさんの しんぶん』（松本春野・文・絵、岩國哲人・原作、講談社）：新聞配達をする少年と配達先のおばあさんとの交流。身内以外の大人が時に子どもを成長させる。おばあさんの秘密が、胸を打つ。

子育ての相談をする

時代が違うとはいえ、育児は経験によるアドバイスが活きることがたくさんあります。自分の経験を話したい親世代は多いはず。だとしたら、あえて話しやすいように「相談」というかたちで話を持っていくのも祖父母への気遣いです。「聞いてください。今、イヤイヤ期で大変なんですよ」「下の子が産まれてから赤ちゃんがえりが大変で…お母さんのときは、どうでしたか？」など。夫が子どもの頃の話も聞けて、夫婦の会話のネタも増えるかも。

喜怒哀楽の「喜」をまっさきに共有する

嬉しいこと、よかったことは、まっさきに「祖父母に報告！」を習慣化しましょう。遠くに住んでいても家族は家族。一緒に笑い合えたら、喜びは倍以上です。物理的な距離が心の距離になってしまったら、残念なこと。たとえ「義理の両親はちょっと…」と思っても、小さな喜びを報告し合って家族としてのつながりが保てたら、それはお互いにとても幸せなことです。子どもも、親の祖父母への態度をしっかり見ていて、そういう気遣いを自然と身につけていきます。

写真が紡ぐ、じいじばあばとのご縁

送りたい写真はたくさんあるのに、
なかなか整理しきれない、時間がない…
そんなときは、家族だけで写真や動画を共有できる、無料アプリが役立つことも。

まごラブ

mago-love.com/login

顔と名前が一致した人のみ招待するシステムなので、家族間で安心して写真の共有ができます。写真を投稿するだけなので、ラクチン。日々の成長をそのつど、じいじばあばに伝えられます。スマホ、ガラケー、パソコンなどにも対応可。

ウェルノート

wellnote.jp

パソコンとタブレット両方に対応可なので、スマホを持っていないじいじばあばとも気軽に孫の写真や動画を共有できます。0歳からの身長・体重を記録できる機能があるので、子どもの成長曲線が一目瞭然です。

『こんとあき』（林明子、福音館書店）：あきの誕生のときからずっと一緒のぬいぐるみ・こん。2人はおばあちゃんの住む町へ旅に出るものの、ハプニングの連続。誰かの待つ家へ帰りたくなるような物語。

GRANDPARENTS

「子どもを預けるなんて、かわいそう…」と言われるとしんどい 仕事への理解ゼロの姑と話すこと

保育園のよさをアピール

「お友だちの存在がとてもいい刺激になってます」「子どもたちが家族以外の大人とふれあういい機会なんです」「保育士さんは育児のアドバイスもしてくれるんですよ」など、保育園のメリットをさりげなく強調します。

子どもへのいい影響をアピール

「『いつかママみたいな看護師さんになりたい』って言ってくれたんですよ。嬉しかったです」「『ママみたいに働いてお金稼いだら、プレゼント買ってあげるね』って、娘に言われました。成長してますよ」というふうに、働くママの影響が子どもにとっても吉であることを、会話の中でそれとなく伝えます。

ダブルインカムならではのよさをアピール

「子どもと一緒に、私も英会話を始めたんですよ」「夏休みは、家族で初海外旅行を計画中です」など、共稼ぎならではの経済面の余裕を見せて。あるいは、「夫婦それぞれが、毎月3万円ずつ貯金しているんです。これから教育資金がかかりますから」と、将来のために地道な備えをしていることも、説得力があります。

ボ、ボクの出る幕、あるかな…。
仲良くなってくれたら、嬉しいんだけど、無理しなくっていいよー

『金子みすゞ童謡集』（金子みすゞ、ハルキ文庫）：子どもや自然への温かなまなざしに溢れた詩の数々。女性の自由が今ほどなかった時代の言葉だからこそ、そのやさしさと素朴さがよけいに心に沁みてくる。

家庭円満をアピール

「どうしても、家事と子育てだけというのは性に合わなくて。むしろ、仕事していたほうが、料理もそうじも気分転換になってはかどるんです」「仕事が息抜きになって、タカシさん（主人）とも話がしやすいんですよ」「一緒の時間が限られている分、週末は全力で子どもと遊べるんです」など、仕事をしていたほうが家庭がうまくまわっていることを伝えます。

仕事の大切さをアピール

「私の人生において、仕事はとても大事なんです」「お金を稼ぐためだけじゃなく、やりがいを感じているんです」など、仕事が生活の一部で、ライフワークであることを伝えます。優先順位は人それぞれ。理解されなくてもいいから、「私にとっていかに大事か」、だからこそ「大変だけど、両立できるようにこんな努力をしている」ということは、堂々と伝えましょう。どうせわかってもらえない…と、伝えることから、逃げないで。

謙虚に「感謝」をアピール

働ける環境にあることを「当たり前」と思うと、それは態度にも出てしまいます。対姑だけでなく、それは対夫、対子どもでも同じこと。「働くことができて、とても幸せ。ありがとう」と、ふだんから一緒に暮らす家族みんなに言葉で伝えることを、まず「当たり前」にしていきましょう。その気持ちは、たとえ時間はかかっても、姑にもきっと通じます。

嫁姑、溝を埋めるのは想像力？

女は結婚したら家庭に入り、家事と子育てに専念…というのが当たり前だった時代がありました。そんなに大昔の話ではありません。「私たちの頃は、こんなに自由じゃなかったのに」と、現代の働く女性を取り巻く環境をうらやましく思っている姑世代も、きっと少なくないはずです。価値観の違いを“衝突の材料”にしては、もったいない！　むしろ、お互いを知るための“想像力を広げる材料”にできれば、きっと歩み寄れるはずです。

『親とさよならする前に』（清水晶子、サンクチュアリ出版）：いずれ別れる日がきても後悔しないための、具体的・実践的なあれこれがわかる本。

GRANDPARENTS

父の日、母の日、敬老の日…なにをあげる？

祖父母を笑顔にする プレゼントのアイデア

PRESENT IDEAS

孫の手作りの茶碗や湯のみ

茶碗や湯のみは、毎日使うもの。それが孫の手作りならなおさら嬉しいです。親子で参加できる陶芸教室やワークショップにプレゼントを作る目的で申し込んでみるのも◎。

孫の写真オンリー！ デジタルフォトキーホルダー

好きな写真を取り込んで、スライドショーで楽しめるキーホルダー。おでかけのときに携帯すれば、いつでもどこでも、孫との思い出に浸れます。

手作りお手伝い券

「肩たたき券」「足裏マッサージ券」「背中流し券」など、孫手作りのお手伝い券いろいろを用意して贈ります。「今度遊びに行ったらお手伝いするよ」とメッセージも添えて。孫とのふれあいは、じいじばあばにとって嬉しいもの。スキンシップ以外にも、「お花の水やり券」「野菜を洗う券」「お散歩券」「お風呂券」など、一緒にやって楽しそうなことや、じいじばあばが助かるお手伝いを想像して、子どもに作ってもらいましょう。

おいしい食材

自分たちではなかなか買わない食材をプレゼントすると、年代問わず喜ばれます。高級な肉やのり、地域特産の西京漬けなど。ふだんからじいじばあばの好きな食べ物を子どもにリサーチしてもらいます。旬のものなら、毎年同じになっても「毎年の恒例」と言ってしまえます。

『親が死ぬまでにしたい55のこと ポケット版』（親孝行実行委員会・著、牧野出版・編、アース・スターエンターテイメント）：「親の夢を聞く」など、親子の時間を熟成させるヒントがいっぱい。

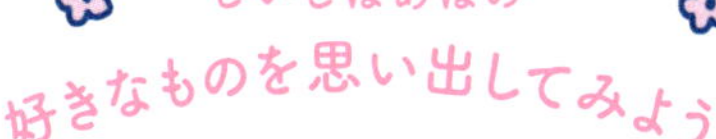

ふだんから「かわいい」「素敵」「おいしい」と言って
いたものを思い出して、プレゼントに活用してみて！
好きなモチーフのものなら、もらっても嬉しいはずです。

- ☑ 好きな動物は？ ➡ 猫、犬、うさぎ、馬、りす、パンダ
- ☑ 好きな花は？ ➡ バラ、ガーベラ、百合、かすみ草、桜
- ☑ 好きな色は？ ➡ 紫、黒、緑、赤、白、ピンク、水色
- ☑ 好きな食べ物は？ ➡ 甘い物、おつまみ、出身地の懐かしい食べ物など
- ☑ どんな趣味がある？ ➡ 趣味に活かせる道具や小物など
- ☑ どんな場所がお気に入り？ ➡ 夫婦の思い出の土地や新婚旅行先の名産品など
- ☑ 芸能人は誰が好き？ ➡ 本、コンサートのチケット、CDやDVDなど

お祝いの節目「賀寿」一覧

60歳	還暦（かんれき）
70歳	古稀（こき）
77歳	喜寿（きじゅ）
80歳	傘寿（さんじゅ）
88歳	米寿（べいじゅ）
90歳	卒寿（そつじゅ）
99歳	白寿（はくじゅ）
100歳	百寿（ひゃくじゅ）

還暦には赤いちゃんちゃんこを贈るのがならわしだけど、赤いTシャツ、赤いネクタイ、赤いスカーフ…みたいにふだん使いできる「赤」を選んでもいいよね。ちなみに、タツノオトシゴって、寿命（推定）1〜5年…

年月を経るごとに、夫婦って輝き方が変わるんだー　年を重ねるのも悪くないね

結婚記念日の名称

25年目	銀婚式
30年目	真珠婚式
35年目	珊瑚婚式
40年目	ルビー婚式
45年目	サファイヤ婚式
50年目	金婚式
55年目	エメラルド婚式
60年目	ダイヤモンド婚式

『お嬢様の手みやげ』（飛田和緒、WAVE出版）：「70歳以上のおじいさん、おばあさんへ」「大家族へ」など、気の利いた嬉しい贈り物のアイデア満載。眺めているだけで幸福な、美しい1冊。

GRANDPARENTS

祖父母へのお手紙、なにを書こう？

ふだんの素直な気持ちが伝わる 感謝のツボ

【 母の日の文例 】

母の日のプレゼントに、(1)しげ子お母さんにコーヒーカップをお贈りします。(2)なにを贈ろうかずっと考えていましたが、よく行く雑貨屋さんで猫のコーヒーカップに目がとまり、(3)猫好きのお母さんにぜひ、と思いました。一緒にいた子どもたちも「ばあばには、これがいい！」と選んでくれました。

仕事が忙しくて、なかなか子どもたちを連れて会いに行けなくてすみません。でも、お電話くださったり、畑でとれた新鮮なお野菜を送ってくださったり、(4)いつも私たち一家のことを気にかけてくださり、ありがとうございます。(5)しげ子お母さんのおかげで、子どもたちはすっかりトマトが大好きになりました。しおりは自転車の練習をがんばっています。そろそろ補助輪も外せそうです。

夏休みにお会いできるのを楽しみにしています。

ツボ（1）名前まで書いたほうが、親しみが湧いてきます。何度書いても書きすぎ…ということはありません。

ツボ（2）「どうしようかあれこれ考えて…」「いろいろ悩んでいたのですが…」など、決めるまでの行為が想像できるのも、相手にとっては嬉しいもの。

ツボ（3）自分の好きなものを覚えていてくれたら、感激します。孫たちがプレゼント選びに協力してくれたのなら、「子どもが選びました」「家族みんなで決めました」とひとことあるだけで、想いが伝わります。

ツボ（4）「いつもお世話になってばかりで、すみません」「いつも気にかけてくれて、ありがとうございます」など、ふだんの素直な気持ちをシンプルに伝えるのも◎。

ツボ（5）「お母さんのおかげです」「お母さんの愛情の賜物（たまもの）です」は、なによりの感謝の言葉。

『ゆうびんやさんのホネホネさん』（にしむらあつこ、福音館書店）：郵便配達員のホネホネさん（がい骨！）はギコギコキーッと自転車を鳴らし、今日もお手紙を届ける。手紙で季節や行事を分かち合う姿が素敵な物語。

言葉以外の ものに想いを託すコツ

● 色や柄で！

好きな色や花、大好きな動物や風景など、好きなものをリサーチしておいて、カードや封筒選びに役立てます。

● インパクトのあるカードで！

メロディが流れるもの、メッセージをしゃべってくれるもの、飛び出すタイプのカードなど、カードそのものが「ちょっとした贈り物」になるものを選んでみては？

● 小さなサプライズで！

クラフトパンチで作ったいろんな形の薄紙を同封します。桜の花びら、星形、ハート形…季節やメッセージに合わせた素敵な演出ができます。

● 香りで！

好きな香りの文香を同封。香りの贈り物は粋です。梅や桜などの和風な香りから、バラやラベンダーなどの洋風な香りまで、いろいろあります。シールタイプなら便せんの飾りにも。

無理に相手をほめなくっても、最近の自分の気づきを素直に書くだけでいいんだよ

【お誕生日の文例】

(1)たけしお父さん、お誕生日おめでとうございます。いつも愉快なダジャレで私たちを笑わせてくれて、ありがとうございます。お盆とお正月くらいしか会いに行けませんが、たけしお父さ(2)んお得意のローストビーフは、帰省のときの楽しみの1つです。これからも、ユーモアたっぷりで愛情たっぷりの、料理上手なお父さんでいてください。
(3)たけしお父さんにとって、69歳の1年間がすばらしい年となりますように。至らないところもありますが、これからもよろしくお願いいたします。

ツボ（1）「いつも〜してくれてありがとうございます」と、ふだんどんなことに感謝しているか具体的に書きます。

ツボ（2）ちょっと照れくさくても「言われて嬉しい言葉」を選んであげたいものです。本人が得意なこと、がんばっていること、大好きなことなどを想像すると、書き出しやすくなります。

ツボ（3）誕生日は、その人にとっての新しい1年の始まりです。新年のお祝いの言葉同様、「素敵な1年になりますように」「すばらしい1年となることを祈っています」と、幸せを願う気持ちを伝えてもいいものです。

『おばあちゃんと孫の心を結ぶ50通の手紙』（清川妙・佐竹まどか、ポプラ社）：エッセイストの著者と孫娘の1年間の往復書簡。56歳の年齢差を超えて、お互いの人生から素直に学び教え合う姿が美しい。

ママの心をわしづかみする

胸キュンポーズ

優しいところ

怖いものに
おびえるとき

何を言っているかわからないけど
一生懸命お話をしているとき

📖 『井上ひさしの子どもにつたえる日本国憲法』（井上ひさし・文、いわさきちひろ・絵、講談社）：日本国憲法の前文と第九条をやさしい言葉で紹介。子どものために、戦争をしない未来を考えるきっかけに。

『戦争で死んだ兵士のこと』（小泉吉宏、メディアファクトリー）：湖のほとりで息絶えた1人の兵士の人生を、時を遡って映し出す絵本。24年前の誕生の瞬間が切ない。我が子を慈しむことは平和への祈り。

子どもを抱きしめたくなる 胸キュンのセリフ

この言葉に、まさるものナシ！

ほいくえん、だよね？

迷ってるんだよね？

たらいでしょ？

『いきのびる魔法―いじめられている君へ―』（西原理恵子、小学館）：子どもの社会もまさに戦場。困難にぶつかったときこそ、上手に逃げることも選択肢の１つだと、教えてあげたい。

『あなたがだいすき』（鈴木まもる、ポプラ社）：子どもにたくさん「大好き」って言ってあげよう。世界中を敵にまわしても子どもを守ってあげよう。生まれた瞬間の愛おしさがよみがえる1冊。

しんどいときに励まされたあったかい言葉

「大丈夫！ ちゃんと育ってますよ」

――初めての子育てで不安だったとき、保育園の先生に言われたひとことに救われました。

「お母さん、本当によくやってて、すごいと思ってます」

――いろんなことがうまくいかなくて悩んでいる時期がありました。保育園の先生のこのひとことに、少しでも認めてもらえたような気がして涙が出ました。

「ラクしましょうよ！」

――小児科からの帰り道で、保育園のお母さんとばったり。子ども2人のお迎え&通院にヘトヘトで「もう今日の夕ごはん、ファミレスだよ！　ハハ！」と冗談めかして言ったときに、笑顔で返してくれた言葉。なんだかほっとしました。

「1歳になったら、もっと強くなってるね」

――0歳から保育園に預け始めたものの、発熱や体調不良の連続。見通しの立たない不安の中にいたとき、保育園の副園長先生が帰り際にかけてくれた言葉。少しだけ、トンネルの出口が見えたような気がしました。

『食卓一期一会』（長田弘、ハルキ文庫）：オムレツ、カレー、クロワッサン。見慣れた料理に、生きることの真理がしのばせてある詩集。最後の一行に胸をつかまれる。

「誰の話も参考にならなかった」

――妊娠している、仕事の取引先の女性が言ったひとことです。妊娠したら、いろんな経験者が「子どもってこうよね～」とか、いろんなことを言ってくるけれど、自分とは全然違ったり。個人差が大きいものなので、あくまで「エンタメ」「共感」として話を聞くくらいにして、「私は違う…！」と敏感にとらえないように。

「なんとも悦ばしいジレンマ…おまえの育児の賜物と思います。じつはお母さんも、同じ想いでおまえたちを育てたんだよ。そのことも頭の隅っこに置いてください」

――父の言葉です。1歳の次女におっぱいをあげようとすれば、4歳の長女が焼きもちを焼いて、膝によじのぼりぐずり出す…そんな毎日をグチったら、こんなメールが。母の想いとはこういうものかと…。気づかせてくれてありがとう、お父さん。はっとしたのと同時に涙が出ました。

「大変ね！」

――雨の日、子どもを抱えて自転車に乗って、荷物も多くて…みたいな必死の朝、見ず知らずの通りすがりのおばあちゃんに言われたひとことです。知り合いでもないのに、同情してくれたのが嬉しくて、なんだか救われました。

『月に映すあなたの一日　ネイティブ・アメリカンの364のことわざが示す今日を生きる指針』（北山耕平・訳と編纂、マーブルトロン）：どこのページを開いても、力強い言葉の数々が心を奮い立たせてくれる。

子どもの天真爛漫さ

Toilet
トイレできた？
できたよー

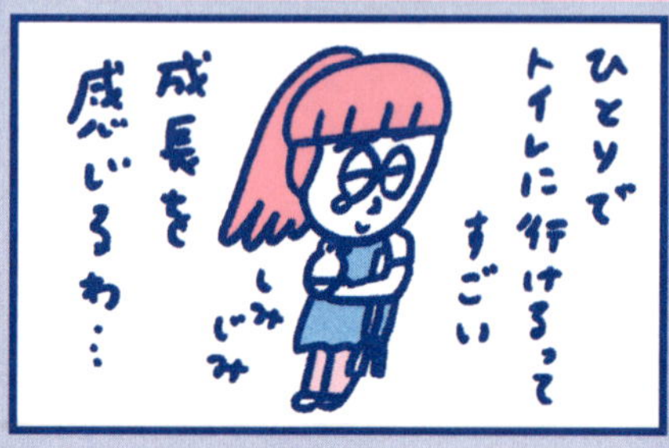
ひとりでトイレに行けるってすごい
成長を感じるわ…
しみじみ

Toilet
ねーママー
ねえったらー！
ん？

おしりふいてよ！
なに～そのかっこう！すごいわ～

第6幕

毎日の育児、おつかれさま！

～ママの心と体をほぐすゆるコツ～

MAMA

忘れかけてたけど、私、女だった

自分の気持ちがアガる！ 美意識を高めるテクあれこれ

ママ以前とママになった後では、精神的にも肉体的にも、大きなブランクがあります。まずは、あわててそのブランクを埋めようとしないこと。ショックに感じたときこそ、リセットボタンを押すちょうどいいタイミングです。

テク1

お化粧以前のケアを忘れない

「疲れてるな…」「ちょっと老けた？」と感じたら、いきなり旬のメイクよりも、紫外線対策と保湿を日課に。肌の老化の原因は紫外線と乾燥。まずは、毎日こまめに日焼け止めクリーム、乳液やクリームで保湿を入念に。これを徹底すれば、しみ＆しわ対策にもなります。

テク2

香りだけでも…

香水をつける習慣のあるフランスでは、出産で入院する際、産前産後で香水を変えないように指示されるそう。赤ちゃんがママの香りで混乱しないようにという配慮なのだとか。もともと香水をつけない人でも、香りで気分が上がったり、ちょっぴり女らしい気分になれることも。アルコールフリーのフレグランスなら香りもやさしく、子どもと一緒に使えるものもありますよ。

テク3

一日１美容、だけでいい

たとえば、「きれいになりたい」という漠然とした思いを具体化していくとどうなるでしょうか？　「ボサボサの髪をつやつやにしたい」「かかとをすべすべにしたい」など、部分的な目標が見つかるはず。これを書き出して、一日1つずつクリアしていけば、すべてやり終えた頃には「きれい」な自分になれるはず。

『必要なのはコスメではなくテクニック』（長井かおり、ダイヤモンド社）：「眉は下ラインが大事」など、流行も年齢も関係ない美容テクニックを、おしみなく公開。

テク4　口紅ではなく色つきリップクリームを

化粧っ気はなくても、唇に色があると、パッと女らしく華やかな印象に。口紅ではなく色つきのリップクリームなら、気軽に塗れていろんな色が選べて、しかもリーズナブル。ティントタイプを選べば、落ちにくいので何度も塗り直さなくてOKです。

テク5　美容の「めんどくさい」ポイントを明確に

自分のための美容が「めんどくさい…」と感じるのはどんなとき？　息切れポイントがわかれば、対策も打てるというもの。たとえば、基礎化粧品の数が多くてめんどくさいなら、オールインワンにする。メイクがめんどくさいなら「眉毛だけ描けばギリギリセーフ」というポイントを押さえる。習慣化すれば、気もラクになります。

『「あの人すてき！」と思わせる　美人な姿勢図鑑』（彩希子、新星出版社）：美人でも姿勢のいい人は1％以下だそう。姿勢や所作ひとつで魅力アップなら、今すぐ実践あるのみ！

MAMA

体のあちこちが、かたくて、痛くて…

エクササイズ以前に大事！「姿勢」と「呼吸」の正し方

体に痛いところがあると、そこをピンポイントでなんとかしようと考えがちです。でも、いろんな不調が、じつは「姿勢」と「呼吸」に原因があったということも。マッサージや整体に行く前に、まずは、基本の姿勢と呼吸を、見直してみませんか？

ママピン！ポーズのすすめ

小さな子どもの世話でママの姿勢はどうしても猫背になりがち。肩が前に丸まってくると、胸がつぶされて呼吸が浅くなります。子育て中はただでさえストレスが多いですから、姿勢が悪いとさらに呼吸が浅くなるという悪循環。凝ってる、痛いと感じたら、すかさず、ピン！ 育児や家事のスキマ時間に、この"ママピン！ ポーズ"をやってみましょう。

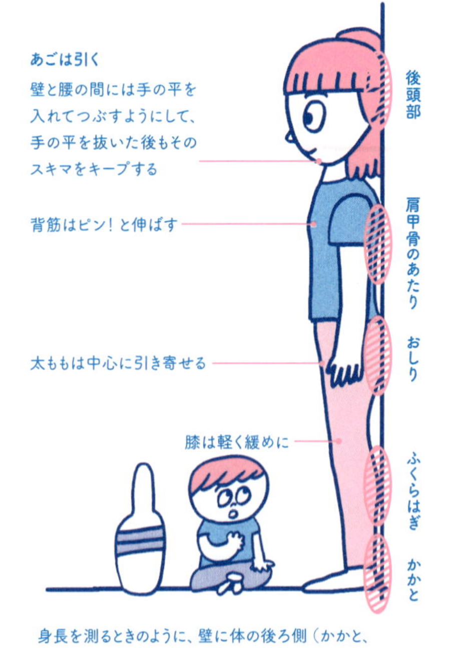
あごは引く
壁と腰の間には手の平を
入れてつぶすようにして、
手の平を抜いた後もその
スキマをキープする
背筋はピン！と伸ばす
太ももは中心に引き寄せる
膝は軽く緩めに
後頭部
肩甲骨のあたり
おしり
ふくらはぎ
かかと

身長を測るときのように、壁に体の後ろ側（かかと、ふくらはぎ、おしり、肩甲骨のあたり、後頭部）をぴったりとくっつける。床に仰向けでやってもOK。

『ずぼらヨガ』（崎田ミナ・著、福永伴子・監修、飛鳥新社）：無気力で自称・ずぼらの著者が、どこでも気軽にできるヨガポーズを紹介。気づいたときに気持ちよく伸ばすだけで、どんよりな自分とサヨナラできる。

＼ママピン!ポーズ／

こんなところにじわじわ効きます

- ☑ 背中の筋肉が鍛えられる
- ☑ 太ももの内側のぷにょっとした部分が引き締まる
- ☑ 体幹が鍛えられて骨盤矯正にもなる
- ☑ 恥骨が引き上げられて腹筋とおしりのエクササイズにもなる
- ☑ 筋肉量が増えて代謝もアップ
- ☑ 交感神経が優位になって、気持ちが元気に、前向きになる

地味だけど、ちゃんとやったら意外と疲れるポーズなのよね…。まあ、だまされたと思ってやってみようかしら

＼ママピン!ポーズ／

こんなシーンで実践したい

- ☑ 家の鏡、窓ガラスやショーウィンドーに自分の立ち姿が写ったとき
- ☑ ベビーカーを押すとき
- ☑ 授乳中
- ☑ 子どもを抱っこしているとき
- ☑ パソコンを見ているとき
- ☑ 携帯やスマホを見ているとき

タツノオトシゴがピン!ってなったら、ただの棒になるね。ママ、くれぐれも棒と間違えられないように気をつけて!

📖『ぼくのつくりかた』(たけうちちひろ・文・切り絵、出版ワークス):まるいりんご、ながいキャンディ、あまいバナナ、足したらなんになる? ユニークな問いかけが頭の体操にもなる、美しい切り絵の絵本。

「ママ呼吸」のすすめ

子どもや夫にイライラする、やることリストが終わらず落ち着かない、疲れているのに眠れない、なんだか体が休まらない…。そんなときは、ごろんと横になって、ゆっくり息を吸ったり吐いたりしてみましょう。STEP①～④のどれか1つでもOK。こわばった心と体が少しずつほぐれていきます。

STEP①
腹式呼吸

おなかに両手をあてて、吸う息でおなかを膨らませ、吐く息でおなかをぺたんこに。これを1～2分繰り返す。

STEP②
胸式呼吸

両手をクロスさせて手の平を脇の下に差し込み、胸の呼吸を確認。吸う息で胸を膨らませて、吐く息ですぼませる。これを1～2分繰り返す。

STEP③
鎖骨式呼吸

両手をクロスさせたまま、手の平を鎖骨へ移動させる。吸う息で鎖骨のあたりを膨らませ、吐く息ですぼませる。これを1～2分繰り返す。

STEP④
おなか→胸→鎖骨

最後に吸う息で、ひといきで、おなか、胸、鎖骨の順に膨らませる。吐く息もひといきで、おなか、胸、鎖骨の順に吐き出していく。これを5～10分繰り返す。ぺたんこのおなかにもっと空気を送るようにすると、深い呼吸ができて、筋トレにもなる。

📖『どんなに体がかたい人でもベターッと開脚できるようになるすごい方法』（Eiko、サンマーク出版）：自分の時間がないというママも多いけど、目標のために毎日ちょっとずつストレッチしてみては？

「いながらヨガ」のすすめ

家事・育児・仕事に精一杯な日々。ヨガだけの時間を捻出するのは大変ですが、子どもがそばに"いながら"で、いいんです。体の不調を感じたら、こんなヨガのポーズを1、2セットでいいから、試してみてください。

不調❶

疲れたなあ…

ココもほぐれる！
背中、おしり

❶ 正座で、左右の膝は腰幅くらいに開く。
❷ 上半身を前に倒して全身の力を抜き、目を閉じる。腕も前に倒して力を抜く。
❸ ママ呼吸を続ける。

※顔を近づけて息をふーっとすると、赤ちゃんも喜ぶ。

不調❷

全身だるいなー

ココもほぐれる！
背中、おなか、おしり

❶ 仰向けになり、膝を曲げて胸に引き寄せ、体育座りのように両腕で抱える。
❷ 吸う息で、膝を少し胸から離すように、両腕を緩める。
❸ 吐く息で、膝を胸に引き寄せる。
❹ ②と③を繰り返す。

※すねにのせるのは、首がすわった、イヤがらない赤ちゃんのみ。

刺激をプラス！

③で頭を持ち上げて膝に引き寄せ、3呼吸くらいキープすると、腹筋の筋トレ効果がアップ。

『DVD付 心を整える リラックスおうちヨガプログラム』（サントーシマ香、高橋書店）：「イライラを解き放つストレス解消プログラム」など、気持ちに寄り添った章タイトルを見ているだけで、ホッとする1冊。

不調❸

抱っこしすぎで背中が痛いよ…

ココもほぐれる!
首まわり、背中、おなか、おしり

※腹筋が弱いと反り腰になりやすいので注意。
※肘のシワが少し内側を向き合うようにして、張りすぎないよう軽く緩める。

❶【基本ポーズ】
四つん這いになる。手は肩の真下で肩幅、膝は腰の真下で腰幅に。ママピン!ポーズ(158ページ参照)の背中のラインを作る。

❷ 吸う息でおへそを見て背中を持ち上げる。おしりの穴を下へ向ける。両手で床を押して肩甲骨の間を広げるようにする。5呼吸くらい続け、これでもかというくらい上に引き上げる。膝を肘に近づけて、おなかの下にいる子どもに膝でタッチ!

❸ 吐く息で斜め上を見て、おへそを床にぐっと近づける。おしりの穴を天井へ向ける。

※腰を反らすと痛みがある場合は、無理せず、痛みがないところでストップ。

❹ ②と③を繰り返す。

❺ 両手で床を押して、おしりを斜めに引き上げる。上半身はできるだけママピン!ポーズの背中のラインをキープ。かかとを床につけるのが難しいときは、かかとを上げたり、膝を曲げてもOK。

頭を腕の間に入れて、子どもを見て〜!
パーフェクトなポーズまでもう少し、がんばれママ〜

『じぶんリセット——つまらない大人にならないために』(小山薫堂、河出書房新社):放送作家の著者が日常を遊ぶヒントを紹介。凝りかたまったら常識のメガネを外してみよう。目の前がパッと開けた気分に。

不調❹

股関節に違和感が…

ココもほぐれる!
股関節まわり、
腕、背中、おしり

❶ 右ページ①の基本ポーズ。

❷ おしりで円を描くように、胴体（上半身）を左右前後に、大きくぐるぐる回す。股関節の動きを感じながら、気持ちよい加減で。

不調❺

おしりがたるんできた…

ココもほぐれる!
おしり、体幹

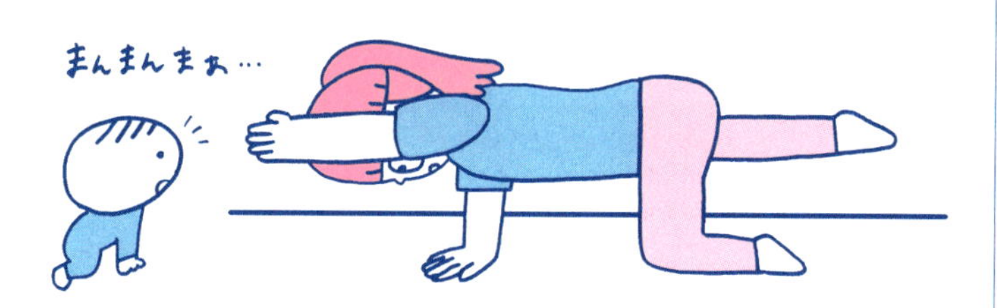

❶ 右ページ①の基本ポーズ。

❷ 片足を後ろに伸ばして、おしりの高さをそろえる。
かかととつま先を真後ろに向ける。
左右のおしりの高さをそろえるようにして、3～5呼吸キープ。伸ばした膝が曲がらないように注意。

刺激をプラス!

伸ばした足と反対側の腕を耳の高さにそろえて前に出し、3～5呼吸をキープ。

『痛みとこりがラクになる 1日1分 筋膜リリース』（滝澤幸一、マイナビ出版）：力いらずの筋肉のほぐし方満載。リラックスタイムにプラスすれば、全身スッキリに!

不調❻

運動不足だなぁ…

ココもほぐれる！

体幹、太もも

❶ 両足をぴったりくっつけて伸ばして座る。

❷ 上半身は、ママピン！ポーズ（158ページ参照）で、骨盤をしっかり立てる。

❸ 上半身を斜め45度くらい後ろに倒す。

❹ 両手を膝の裏に添えて、すねを床と平行に持ち上げる。太ももは斜め45度くらいに。ここで5呼吸くらいキープ。

※子どもを胸側にのせるときは、背中を伸ばしたまま両手（もしくは片手）を後ろについて体を支えると安定しやすい。子どもの体重が7〜8kgくらいまでなら比較的やりやすい。ママの体力と子どもの大きさには個人差があるので、無理のない範囲で。

※背中が丸まらないように。ちょっと苦しいときは、もう片方の足を床に下ろす。

刺激をプラス！

もうちょっとできそうなときは、片手もしくは両手をはなして、床と平行に前へ伸ばす。つま先は真上の向きに。辛いときは、片足だけ床へ下ろす。

『日本一心を揺るがす新聞の社説』（水谷もりひと、ごま書房新社）：「みやざき中央新聞」の選りすぐりの社説41編。市井の人情話に心が和む。子育てにまつわる話も多数あり。

不調❼

下半身太りが気になる…

ココもほぐれる!
おしり、太もも

❶ 仰向けになり、足の裏を床にぴたりとつけたまま、かかとをおしりまで引き寄せて腰幅にします。背中と床をピッタリつけるように恥骨をおへそに引き上げます。手はおしりの横で床につけます。

❷ 胸、おなか、おしりを持ち上げて、5呼吸くらいキープ。

※太ももの間に丸めたバスタオルをはさむと、ポーズがとりやすい。

※おしりの下で両手を組んで肩を寄せ合わせるようにするとちょっとラクになる。

刺激をプラス!

かかとは床につけたままでつま先を上げると、太もも裏側の筋トレ効果アップ。少しずつ足をおしりからはなしていくと、さらに太ももの裏側が鍛えられる。

寝ころんでリラックスするときに、あずき入りのホットアイピローを目や首裏にあてるとかなり気持ちいいよ〜

『ちひろさん』(安田弘之、秋田書店):弁当屋さんで働く元風俗嬢のちひろ。今悩んでいることが「大したことないな」と思えてくる、孤独で温かい名作コミック。

MAMA

なんか、いろんなことあきらめてるなあ…

今日だけは、潔く白を着る！

自分をよみがえらせるために…

避けがちの色だからこそ、あえて着てみる日を作る

だって、今は忙しいから…。
でも、今は育児でそれどころじゃないし…。
どうせ、自分の時間なんてないしね…。
気がつけば、逃げ道を用意して、
正々堂々とギブアップすることが板についていませんか？
そんな言い訳太りが気になり出したら、
潔く「白」を着るんです。
だって、汚れるし…。
でも、なんだか太って見えるし…。

WHITE T-SHIRT

ボートネックや首元がゆるっと開いているものなら、女らしさが出ます。サイズに迷ったら気持ちゆったりめのほうがきれいな着こなしに。下着やインナーが透けないか、生地の厚さは要確認。

WHITE SNEAKERS

トップスが黒やグレー1色でも、足元に白があると軽やかな印象に。気になる汚れは、消しゴムでごしごしすると、わりと落ちます。

『わたしのワンピース』（西巻茅子、こぐま社）：真っ白な布をワンピースに仕立てたうさぎさん。散歩に行くと、無地のワンピースがお花畑では花模様、空では星模様に。こんなワンピース、あったらいいな！

細めのパンツに合わせてゆったりめに着るときは、太ももの一番太い部分が隠れる丈を選ぶとスリムな印象に。前ボタン全部開けで羽織ってもよし、上半分だけ留めて裾からインナーの色を見せるのもよし。

ボトムスにデニムを合わせたり、チェックシャツを腰巻きにしたり、リュックやキャップなどの小物でカジュアルダウンしたりすると、甘さおさえめで着やすさアップ。

どうせ、シミが目立つし…。
白を着ないときの言い訳と、
なにかをためらうときの言い訳、どこかかぶりませんか？
もっともらしい理由で、避けられる色、「白」は、
育児を理由にいろんな言い訳ができるママの心理に
どこか通じるような気がします。
「白」は、シンプルの極みともいえる色だからこそ、
心と体を自由にしてくれる力があります。
たまには、潔く「白」を身にまとって、
心の足かせを外してみましょう。

まずは、ネイルから取り入れても

いきなり服だとちょっと…という場合は、小さな面積から、少しずつ「白」に慣らしていっては？　フレンチの白ネイルやホワイトマーブルなら、どんな季節にも合うし、どんな服にも合わせやすいし、品もいいのでおすすめです。

『今日』（伊藤比呂美・訳、下田昌克・画、福音館書店）：育児中、ふと湧き起こる「私、今なにしてるんだろ？」という問いに、見事に呼応した詠み人知らずの詩。「大丈夫」と、語りかけてくるよう。

相談❶

自分の子どもなのに かわいく思えないときが あるんです…

たつババの言葉

かわいくない？　それが悩みだって？　あんたの感覚、それ、ふつうよ。そんな、いつもいつも、子どもがかわいいわけないじゃない。言うこときかなかったり、だだこねたり、わがまま言ったり。あんたは子どもと四六時中一緒にいて、自分の時間もなくて、疲れてるんでしょ？　まず、**「子どもをかわいいと思わなくちゃいけない」という義務感**から解放されなさい。あたしゃ昔、子どもに聞こえないように、「もう、ほんとにかわいくないんだから!」って、言葉にして言ってみたこともあるわよ。そしたらちょっとラクになれたわよ。まあ、人それぞれやり方はあると思うけど。子どもが子どもでいてくれるのも、あと何年か。私から言わせれば、人生の中のほんの一瞬よ。手を煩わせる時期なんて、あっというまかもしれない…そう考えたら、少し、子どもを見る目も温かくなるんじゃない？　あ、温かく見なきゃってことも、無理に思わなくていいんだからね。

いつもかわいい子なんて
いないわよー

📖『書き出し小説』（天久聖一・編、新潮社）：「結局、何の唐揚げかは教えてもらえなかった。」など、書き出しのたった一文だけを集めた本。力が抜けて、いひひひひ、と笑える1冊。

相談❷

なんだか寂しいんです。孤独です…

たつババの言葉

あんたみたいな母親、多いのよ。っていうか、だいたいそうよ。子どもと四六時中向き合うだけでも大変なこと。それなのにだんなが話を聞いてくれなかったり、母親なんだからこれくらいできて当然なんて目で周囲から見られたら、ますます追いつめられて、誰だって孤独にもなるってもんよ。あたしも昔、よく1人で隠れてしくしく泣いたもんだわ。かわいかったわねえ、あたし。加えてあんたは、子どもを「守らなくちゃ」というプレッシャーまで抱え込んでる。**孤独なだけでもしんどいのに、さらに責任までのっかっちゃって、大変**よね。そんなときあたしは、誰でもいいから、パッと顔が浮かんだ人に電話をかけてたわ。それで、どうでもいいような、あたりさわりのない会話をするの。それもしんどいなら「本」がおすすめよ。本は、誰かと一緒に読むことはないでしょ？　だから、孤独なときにあんただけに寄り添ってくれるの。読む時間がないなら、自分が読みたい本を探すだけでも気分がマシになるわよ。買うだけでもいいのよ。読まなくても、**「自分のためになにかしてあげた」ってことが重要**よ。この本が、その役割を果たせたなら、あたしも嬉しいわ。

自分にごほうび
考えてみたら～？

『100年後あなたもわたしもいない日に』（土門蘭・文、寺田マユミ・絵、文鳥社）：みずみずしくドキリとする言葉で綴られた歌集。心に寄り添ってくれる。しなやかな絵と贈り物にしたい造本も魅力。

相談❸

とにかく子どもが言うことをきかなくてついガミガミ怒っちゃう…

たつババの言葉

口答えが一丁前？　あはは！　いいじゃない。自分をちゃんと持った子に育ってるじゃない。考えてもみなさいよ、子どもがあんたの言うことを全部「はい」「はい」って無表情に聞いていたらどう？　人形みたいに。かえって気持ち悪いって思わない？思い通りにならないことを不満に思う、っていうのは、「こうしたいのに！」っていう自分の主張があるからこそ。まあ、親からしてみれば、歯みがきをしないとか、ごはんを食べないとか、寝ないとか、そんなことはただの駄々じゃない！って思うけど、子どもにとってはそういう生活の基本よりも、自分の欲求や好奇心のほうが一大事なわけで。そもそも子どもが「自分の主張を表に出せる」ってことは、あんた、つまり親を信じているからこそできることなの。**信頼関係があるから、甘えられる。わがままを言える**。だから、言うことをきかないからって、あんたの子育てが間違った方向に進んでる、なんてことはないわよ。あたし、大人の自信と余裕で、毎日子どもに「アレしなさい！」って言ってたわよ！　**子どもが自己主張するなら、とりあえずそれを受けとめて。対等にやり合おうとせずにかわすのも1つの手よ**。子どもが社会で自立できるように育てるのが「子育て」なんだから。

『ママのスマホになりたい』（のぶみ、WAVE出版）：子どもはパパやママとたくさん話したい。家族の会話がスマホに奪われていませんか？　思いあたる節があったら、電源オフして子どもと一緒に遊ぼう！

相談❹

母親として自信がありません。私がこの子を育てないほうがいいんじゃないかと思ってしまいます…

たつババの言葉

あら、あんたがその子を育てないほうがいいなら、誰が育てたほうがいいの？　なんてえらそうに言ってるあたしも、昔は眠る子どものおなかをポンポンたたきながら「はぁー自信ない」なんて、くよくよしてたわ。ほらあたし、素直でまっすぐだから、子どもにとって「いいママ」でありたいって思ってたのよね。我ながら真面目すぎ～。でも、子どもが大人になってからわかったの。子どもを産んだらすぐに「お母さん」になれるわけじゃない。だって、なんの経験もないことをゼロから始めてるのよ。**わからないことだらけ、失敗したなって思うことだらけで当たり前でしょ。**しかも、学校のテストみたいに「答え」が明解でもないから「失敗」がなんなのかすらよくわからない。周りの人たちは、子どもを産んだってだけで、「お母さんってすごい！」って扱いになったりもする。それがプレッシャーになって、「完璧でいなきゃ！」なんて思いがよぎっちゃう。でも、そんなの無理よ。完璧なんて存在しないわ。会社員なら週休二日や有給休暇が当たり前でしょ？　なら、**ママも育児っていう仕事をたまには休んでいい**のよ！　誰かに預けたり、ひととき保育を利用したり…。休むってことは、自分が1人になる時間を作るってこと。そうすれば「ママとしての自分」だけじゃなく「自分」をちゃんと大事にしてあげられる。ちゃんと、自分を責めない時間を作りなさい。

疲れたら横になって～

『日日是好日』（森下典子、新潮文庫）：茶道という形式の向こうに、自由が見えてくる。五感がざわめき、日常が鮮やかに見えてくる美しい文章たち。心が解き放たれる1冊。

相談❺

巷（ちまた）には、きれいで素敵なママばかり…
一方で私は、
それとはほど遠くて…

たつババの言葉

あんた、ファッション誌の読みすぎ？　あれはただの蜃気楼よ。まあ、若い頃のあたしは「えっ、ホントにたつさんってお子さんいるの!?」ってびっくりされるほどの美人だったけど。
あんたが昔のあたしみたいに、「きれいで素敵なママ」になりたいなら、まあ、素養ってもんがあるけど、寝る時間をおしんで努力して、メイクしたり髪の毛巻いたり、それっぽいことをすればいいだけのこと。でも、今やってないってことは、本当は別にそんなママになりたいわけじゃないから、じゃない？　まずは、**反射的に人をうらやましがらずに、自分の幸せがどこにあるのか、ちゃんと考えてみなさいよ。**とくに最近「えすえぬえす」っていうの？　あれをずーっと見てると、たいていいいことばっかり書いてあるわよね。あたしから言わせれば、あれ、ファンタジーよ。物事ってのはね、いいところと悪いところの両面があるのがふつうでしょ。なのに、「いいね！」って言われそうなことばっかり並んでる。それでも気になるっていうんなら、ファンタジーの世界なんだから、ディ◯ニーランドと同じように楽しめば？
あんたは、本当にその人たちに「いいね！」って言われたいの？
きれいで素敵なママになることが一番の幸せなの？
…現場からは以上！

人は人、自分は自分よ～

『児童憲章のえほん　そのとおりそのとおりおじさん』（児童憲章制定会議・制定者、塚本やすし・絵・こども訳、求龍堂）：心にしっかり刻んでおきたい、子どもの権利と幸福を守る12の約束事。

相談❻

子どもに思わず手を あげそうになってしまう 自分が怖い…

たつババの言葉

あるわよね。白状すると、あたしも昔、思わずカーッとなって、子どもをたたいちゃったことがある。まあ、ホントに頭をパシッって軽くたたいただけだけど、今思い出しても罪悪感で苦しくなるわ。それで、手をあげずに済むには、どうすればよかっただろうって何度も考えたんだけど、**とにかく"その場から離れる"ってのがポイントだと思うのよ。**頭に血がのぼったら、まず子どもから目をそらす。子どもが視界に入らないようにするの。そのままトイレにこもったり、2階に上がったり、隣の部屋に行ったり。もし子どもになにか言われたら「今イライラして、なにかしそうなの。だから、ちょっとだけ1人にさせて」と声に出してみてもいいわ。まだ言葉がよくわからない年齢の子もいるかもだけど、そのつぶやきは、あんたが心を落ち着けるためのもの。だから、子どもにはまだわからなくてもかまわないのよ。そもそも大人と子どもでは、通じ合える言葉が少なかったりするわよね。だから、言葉の代わりに別のコミュニケーションを取りたいと思うのは自然なこと。たたいてしまいそうになるのもその流れなんだから、しょうがないわ。**大事なのは、本当に行動に移さないこと。**子どもはもとより、あんた自身を傷つけることになってしまうんだからね。

ふわふわしたもの触ると、落ち着くわよ〜

『何度でも行きたい 世界のトイレ』（ロンリー・プラネット・編、中島由華・訳、河出書房新社）：常識を覆すトイレの数々。凹んだらこの本片手にトイレへ、レッツ・ゴー。答えは1つじゃない。世界は広いよ！

相談❼

子どもをたたいてしまいました…

たつババの言葉

たたいてしまったものは、もう仕方がないわね！　起こってしまったことは変えられないから、さあ、気持ちをきりかえて。さっきも言ったけど、あたしも昔、子どもをたたいて大後悔したわ。今のあんた、罪悪感でいっぱいよね。きっと。**たたいちゃったのには、あんたなりの理由がある。**そうよね？　だから、その理由を子どもに伝えたうえで「たたいたのはごめん」と謝ってあげて。悪いことしたなと思ったら、謝る。大人同士でもそうよね。それが信頼を築き上げるの。信頼が壊れて関係が悪くなると、また子どもは言うことを聞かなくなるし、そしてまたママはイライラする…という悪循環になってしまうから。でもね、これだけは、覚えておいてね。**たたくってことは、大人が子どもに暴力を教えているようなもの。**けっしてプラスにはならないわ。たたきそうになったら、「相談6」にあるようにその場から逃げたり、水を飲んだり、どこかの相談窓口（175ページ参照）にダイヤルしたりして、あんたが**“たたく”という行為から逃げるために、あらゆる手段を尽くすようにする**のよ。

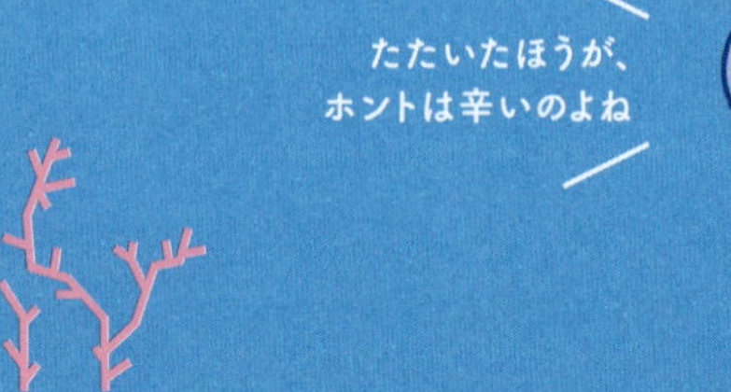

たたいたほうが、
ホントは辛いのよね

『コーヒーが冷めないうちに』（川口俊和、サンマーク出版）：過去に時間が戻るふしぎな喫茶店フニクリ・フニクラ。そこで繰り広げられる４つの物語に、じんわり心が温かくなる。

ママのしんどい気持ちがラクになる

電話相談のすすめ

電話相談窓口一覧

社会福祉法人
子どもの虐待防止センター（CCAP）

☎03-5300-2990

［相談時間］
月～金曜日10～17時、土曜日10～15時（日曜日・祝祭日を除く）

子育てホットライン
ママさん110番（日本保育協会）

☎03-3222-2120

［相談時間］
月～金曜日10～12時、13～16時（祝祭日・年末年始を除く）

エンゼル110番（森永乳業）

☎0800-5555-110

［相談時間］
月～土曜日10～14時（日曜日・祝祭日・年末年始を除く）

子育て・思春期・更年期
女性のあらゆる相談室（日本助産師会）

☎03-3866-3072

［相談時間］
毎週火曜日10～16時（祝祭日及びお盆休み・年末年始を除く）

4152（よいこに）**電話相談**
（東京都児童相談センター・児童相談所）

☎03-3366-4152

FAX 03-3366-6036（聴覚言語障害者用）

［相談時間］
月～金曜日9時～21時、土曜日・日曜日・祝祭日9～17時（12月29日から1月3日を除く）

とにかく話す、話す、話す！

辛くなったら、とにかく、その気持ちを話せる誰かを見つけましょう。夫、両親、兄弟、姉妹、近所の人、ママ友、保育士さん…誰でもいいんです。モヤモヤが心の中で腐敗する前に、言葉という形にして出します。
周囲に気軽に話せる人がいなかったら、子育て関連の相談窓口に電話をかけてみます。自分と相性のいい相談窓口はきっとあるので、懲りずに探し続けてください。

相談したり弱みを見せてもいい！

他人や第三者に相談することに、ネガティブな印象を持っている人もいます。弱みを見せたくないという傾向は、日本人にはとくに強いのかもしれません。でも、ちょっと見方を変えてみましょう。状況がひどくなる前に相談するのは、病気が悪化する前に治療ができるのと同じこと。「早く手当てができてよかった」と、気楽に考えましょう。

『いきもの人生相談室』（今泉忠明・監修、小林百合子・文、小幡彩貴・絵、山と渓谷社）：よくある悩みに動物たちがズバリ回答。動物視点で自分のモヤモヤを客観視できて楽しい。

MAMA

いろんな情報がありすぎて…
なにを信じていいかわからない
育児情報ウイルスと上手につきあうコツ

得た情報はあくまで一例

子育てにオンリー＆ベストワンの答えはありません。たまたま得た情報は、あくまで、1つの答えでしかないということを忘れずに。

経験者の意見を“複数”集める

「複数」というところがポイント。親子の数だけ、同じ悩みへの対処方法もさまざまです。これどうなの？　と思ったら、同じ質問を複数の経験者に投げてみて、まずは幅広く情報収集。そうすれば、少しはバランスのよい判断ができます。

噂話や聞いた話を真に受けない

誰かから聞いた情報は、すでに歪曲されていたり、尾ひれがついていることも。人づての情報を頭から信じないように注意して。コツ2で経験者の意見に触れましたが、誰かの体験談が、決定的な根拠になるわけではありません。

すべてに効くものなんてない

「これ1つですべてが治る！」という薬があったら、飛びつきたくなります。でも、そんなにうまい話はありません。それは、育児情報についても同じこと。ついフラッと飛びつきそうになったら、本当に効果があるのか、冷静になってみて。

ママサイトは見ないほうがいい

育児情報を取り上げたママサイトはたくさんありますが、情報源が不明だったり、信憑性に乏しいものも多いもの。子どもの健康や医療に関することは、こういったサイトの情報を鵜呑みにしないように。どうしても真偽を確かめたいときは、サイトの問い合わせフォームから質問を送ったり、かかりつけ医や医療機関で確認するという方法も。

『10代からの情報キャッチボール入門 使えるメディア・リテラシー』（下村健一、岩波書店）：4つの疑問と自問を駆使した正しい情報の受け取り方と発信方法を紹介。まずは親から。

コツ6 「なんか、いつもと違う」と思ったら、うやむやにしない

とくに病気についてですが、「今日、ウチの子なんか様子が変だな…」など、いつもそばで子どもを見ているお母さんが感じる"なんか変"という気づきは、小児科の診察でも時として役立つのだとか。権威のある先生の言葉より、ママの経験からくる鋭い指摘のほうが、適確な判断につながることもあるのだと自信をもってください。

コツ7 専門家だから必ずしも正しいわけじゃない

著名人や有名大学の教授、医師・看護師・教師などの専門家、有名企業がアピールしていると、疑う余地がないようにも感じてしまいますが、はたしてどうでしょうか？ 「変だな」「なんとなくうさんくさい」と感じたら、今までのママの"経験"からくる心の声にしっかり耳を傾けて。別の専門家に聞いてみるのもいいでしょう。

コツ8 すぐに白黒はっきりさせなくていいこともある

すぐに判断がつかないことは、しばらくしてからまた考えよう、と寝かせておくのも一案です。そのうちに、悩みや問題が解決していた…ということも。選択肢に、"曖昧さ"や"どっちつかずでもいいや"ができると、心にちょっぴり余裕がうまれます。

『新装版 小児科医ママの「育児の不安」解決BOOK』（森戸やすみ、内外出版社）：医学的根拠のある大事なことだけをおさえれば、子育てはラクになる。情報に翻弄されない知恵がつく1冊。

ネットで確かな情報を得るなら

信頼に値する情報源のサイトを

母乳、けがや病気など、子育て中に気になることがあったら、官公庁や学会の作ったサイトを閲覧する癖をつけましょう。こういったサイトの情報は医学的に根拠があり、信頼できます。気持ちに余裕があるときに、見てみることをおすすめします。

- **NPO法人日本ラクテーション・コンサルタント協会「母乳育児Q＆A」**

jalc-net.jp/FAQ_TITLE.html

母乳育児支援にかかわる専門家のためのサイト。「母乳育児のためにどんな準備をすればいい?」「授乳中に予防接種をしても平気?」「仕事しながら母乳育児を継続するには?」「母乳が原因で虫歯になる?」など、妊娠中から産後までの母乳に関する幅広い質問に対応してくれます。

- **国立成育医療研究センター「妊娠と薬情報センター：授乳とお薬について」**

www.ncchd.go.jp/kusuri/lactation/

産前・産後の授乳と薬に関するさまざまな質問に対応してくれます。出産後の方を対象とした電話相談窓口の紹介もあります。

- **内閣府「結婚・妊娠・出産・育児の切れ目ない支援」**

www8.cao.go.jp/shoushi/shoushika/kiremenai/link_list/index.html

「育児について（0～1歳まで）」に、児童手当などの公的な経済支援、地域の子育て支援、乳幼児期の食育や栄養のこと、仕事と子育ての両立についてなどの情報が網羅されています。

- **消費者庁「子どもを事故から守る！ プロジェクト」**

www.caa.go.jp/kodomo/

1～14歳までの死亡原因の上位を占める不慮の事故。主に0～3歳の子を持つ親向けに、月齢や年齢別に、暮らしの中の危険や、どんなことに注意すればいいかがまとめてあります。万が一事故が起きたときの対処方法、体験談なども参考になります。

- **国立感染症研究所**

www.niid.go.jp/niid/ja/

予防接種の大切さがわかる「マンガで学ぶ予防接種」、定期接種の最新情報、2回接種が必要な感染症への啓発、海外渡航前の注意点など、乳幼児のママに役立つ情報です。

- **国立成育医療研究センター「病気に関する情報」**

www.ncchd.go.jp/hospital/sickness/index.html

子どもの病気に関する情報はもちろんのこと、残った薬の扱い方、小児科でよく処方される坐薬・解熱剤・塗り薬などの正しい使い方も紹介しています。

『つぶっこちゃん』（つつみあれい・著、坂井田麻祐子・監修、星雲社）：“つぶっこちゃん”というかわいい妖精たちが、食べ物を喉につまらせる事故の注意点を教えてくれる。応急処置方法も紹介。

- **KNOW☆VPD！**

www.know-vpd.jp/index.php

予防接種スケジュールの立て方の基本から、小児科医推奨の予防接種スケジューラーアプリの紹介まで、0歳からのワクチン接種の重要性をわかりやすく紹介。「ワクチンデビューは生後2か月の誕生日」は、しっかり覚えておきたい合言葉。

- **厚生労働省研究班　日本小児科学会監修「こどもの救急」**

kodomo-qq.jp

生後1か月〜6歳までの子どもを対象に、気になる症状とチェックリストから、診療時間外でも受診すべきかどうかを判断してくれます。症状別の看病のポイントも、自宅で安静にするときの参考になります。

- **小児慢性機能性便秘症「こどもの便秘の正しい治療」**

www.jspghan.org/constipation/kanja.html

便秘の基礎知識はもちろんのこと、子どもの便秘の診断基準、主な治療方法、生活習慣や食事の改善ポイントなどのほか、子どもの便秘にくわしい小児科医なども紹介されています。

- **日本医師会「白クマ先生の子ども診療所」**

www.med.or.jp/clinic/

病気かな？と思ったときに見るべきポイントはどこか、日常的によくある事故やけがへの対処法など、とっさのときに参考になる医療情報がまとめられています。

- **日本皮膚科学会「皮膚科Q＆A」**

www.dermatol.or.jp/qa/index.html

日焼け、ミズイボ、虫さされ、とびひなど、子どもにもよくあるさまざまな皮膚のトラブルや病気について、診断基準から治療方法まで、わかりやすく解説されています。

- **日本小児歯科学会「こどもたちの口と歯の質問箱」**

www.jspd.or.jp/contents/main/faq/index.html

「生まれてから2歳頃まで」「3歳頃から就学前まで」など、成長段階に応じた歯みがきのポイント、食事や虫歯予防の注意点などを紹介。歯並びや指しゃぶり癖などの不安にも答えています。

- **九州大学医学部 皮膚科学教室「アトピー性皮膚炎の標準治療」**

www.kyudai-derm.org/atopy_care/index.html

治療の3本柱「入浴と保湿のスキンケア」「炎症を抑える薬物治療」「悪化因子探しと対策」について、その方法やプロセスなどを、イラストや動画を使ってわかりやすく解説しています。

- **独立行政法人環境再生保全機構「ぜん息などの情報館」**

www.erca.go.jp/yobou/zensoku/basic/index.html

小児ぜんそくの症状や治療法、発作が起きたときの対処法、運動や集団生活の注意点などを紹介。よくある保護者からの質問に、乳児ぜんそく、小児ぜんそくごとに専門医が答えています。

『バイバイ、おねしょ！』（冨部志保子、朝日新聞出版）：8人の専門家が子どもの排尿のメカニズム、治療のタイミング、生活習慣の注意点など、おねしょの悩みに身体と心の両面から答えてくれる。

MAMA

上手につきあいたいけれど…

苦手は極力避けて、いいところは共有 ママ友と、どうつきあう？

「同じように子育て中だから」「子どもが同学年だから」など、共通点があるとわかりあえることもたくさんありますが、だからといって、必ずわかりあえるともいえないのがママ同士の関係性。結局、ママ友も社会の縮図の1つ。いろんな人がいて、すべての人と仲良くなれるわけじゃないと割りきって！

コツ1 オープンにする

気を遣って自分をおさえすぎると、あとあと疲れてしまいます。どんなにとりつくろっても、合う人と合わない人が出てくるなら、最初から心を開いてオープンにしたほうが、自分がラクでいられることも。

コツ2 大事な人は1人でいい

全員とうまくやろうとしないこと。掛け値なく、素直に自分の気持ちを話せる人は、1人いれば十分です。

コツ3 所属が異なるママは、ウェルカム

共通項が少ないほうが、気楽に話ができるということもおおいにあります。たとえば、違う幼稚園・保育園のママ、住む地域が違うママ、かつての同級生で子育てをしている友だちなど。一度は疎遠になった旧友が、「子育て」という同じ経験で再びつながるのは、こういうときです。しがらみナシなら、じっくり話を聞いてもらえたり、悩みを打ち明けたりできます。

コツ4 徹底的に避けて、逃げてもいい

人間関係において、絶対に失敗をしない、なんてことはありません。万が一、苦手意識や違和感を感じてしまったら、とにかく、できる限り避けて、逃げることです。顔を合わせる機会があっても、最低限のあいさつだけにする、話をふられても、適当な返事に終始する、次の約束は入れない、2人だけになる機会を避けるなど。かかわりは絶たずに、でも限りなくゼロに近づけます。

『女子の人間関係』（水島広子、サンクチュアリ出版）：「ママ友は母親という役割に伴う『社会的な仕事』」という言葉に胸がすく思い。ママ友ほか、母娘、嫁姑など、女をよく知り、女と上手につきあうコツ満載。

いるいる、こんな人！

ちょっとめんどうに感じたママとほどよい距離感を保つコツ

なんでも平気で聞いてくる

本人に悪気はないのかもしれませんが、「聞かれたくないなあ」とためらいを感じたら応じる必要ナシ。答えないか、笑って適当にはぐらかして、やんわり避けて。

金銭感覚が違う

ランチや子どもの習い事など、よかれと思って誘ってくれても、費用がかさむとためらいも生じます。そんなときは、「3か月に1回くらいならいいけど、毎週は無理、ごめんなさい！」「習い事の月謝は、1万円くらいに収まるところを探してるの」などやんわりお断りを。お金の価値観は各家庭それぞれですから、無理なことは「ノー」でOK。

陰口やうわさ好き

自分からは必要最低限のことしか話さないように注意します。言いたいことや弁解したいこともあるかもしれませんが、打ち明け話がどこで一人歩きするかわかりません。ちょっと辛くても、言いたいことをぐっとこらえて、相手のペースに巻き込まれないように。

そもそもママ友って、なに？

子育ての悩みや喜びを共有しやすくて、わかりあえると気がラクになる、そんな"期間限定の人間関係"です。たとえば、連絡先は知らないけど、お互い子連れで、いつもスーパーや児童館で遭遇して、あいさつしたり少し話すだけ。でも、なんだかほっとする存在。これくらいの距離感でも、子育て中の想いをなんとなく共有できれば、ママ友といえるのでは？　メールやLINEでつながらないからこそのいい関係というのもあります。

ババ友ってのも、捨てがたい！

子連れで外出すると、おばちゃんやおばあちゃんが「かわいいねえ、何か月？」「うちの孫と同じくらい」と話しかけてきませんか？　見知らぬ人への警戒心が高まる昨今、小さな子どもに笑いかけてくれたり、赤の他人に自分の孫や子育ての話を笑顔で語ってくれるなんて、素敵なことです。思わぬところでこんなババ友に出会えたら、それこそ、大事にしたいですね。

『女王さまの夜食カフェ――マカン・マラン ふたたび』（古内一絵、中央公論新社）：夜食カフェが舞台の短編集。「秋の夜長のトルコライス」の主人公は子育てに悩む専業主婦。ひりひりした孤独感が胸に迫る。

ちょっと疲れてる…？

育児で疲れていそうなママ友へ「思いやりの連鎖」を広げる言葉

想像力の言葉がけ❶

「ちょっと元気なさそうだけど…？」

無理になにかを聞き出そうとはしなくていいんです。もし心配になったら、ストレートに「大変そうだけど、大丈夫？」と、やさしく声がけしてみて。

想像力の言葉がけ❷

「ちょっと、お願いしてもいいかな？」

疲れをため込んでいるママは、周囲に上手にヘルプが出せていない場合も。そんなときは、こちらからあえて頼み事をしてしまいます。そうしたら、小さな貸しができて、相手もなにか言いやすくなるというもの。あんまり深刻になりすぎずに、ちょっと軽い気持ちでこんな助け舟の出し方も。

想像力の言葉がけ❸

「いや～まいった！　じつはさ…」

トホホな話を、まずは自分から。笑いをまじえて失敗談や手抜きエピソードを話すと、相手も、「…じつはね」と、自分のことを話しやすくなりますよ。

『ははがうまれる』（宮地尚子、福音館書店）：保育所を活用し、祖父母にも頼って子育てをした著者は、自分を〝パートタイム・マザー〟と割りきる。母親へのやさしいまなざしにあふれたエッセイ。

想像力の言葉がけ❹

「今日の夕ごはん、ウチは△○にしちゃったよ〜」

あえて無関係の話題で気を紛らわすという気遣いも。「今日、駅前の八百屋さんで、とうもろこし安かったよ」「時間ないから、コロッケにしちゃったよ」など、あたりさわりのない話題にほっとすることもあります。

想像力の言葉がけ❺

「なんかクマできてるけど、大丈夫？　寝られてる？」

疲弊しているときは、「疲弊していることに気づいてもらう」「話を聞いてもらう」のが、いちばん効く薬。身体的なサインを読み取ってもらえると、「あ、見てくれてるんだ」と、嬉しくなります。また、疲れている自覚がなかった自分に、はっと気がつくきっかけになるかもしれません。

想像力の言葉がけ❻

用事はないけどメールを送る

あえて「なんにも聞かない」のも思いやりの1つ。「今日こんなことがあって…」「ウチの子が、今、大変で…」など、返信不要と明記して、こんなメールを送るのも一案。「メールを送る」ということは、相手が自分の存在を認めているということ。そんな誰かがいてくれるということが嬉しいときも。

「してもらった」という経験が積み重なっていくと、自然と「してあげたい」という気持ちもうまれてくるものなんだって。やさしくするとやさしくされて、やさしくされたらまた、やさしくなれるんだー

『ママ友がこわい』（野原広子、KADOKAWA）：ささいなことで壊れたママ友との関係を描いたマンガ。この世で一番恐ろしいのは“人”だと思い知らされる。お互いにやさしくなるにはどうしたら…？ 考えるきっかけに。

保育園入れるのかな…？

これから保育園を探すときの 保活のポイント、ざっくりまとめ

Q：見学のとき、どんなところを見ればいい？

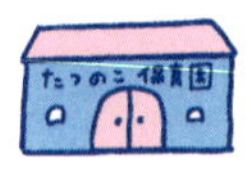

- ☑ 送迎に無理のない立地？
- ☑ ベビーカーや自転車の置き場所は？
- ☑ 保育時間は何時まで？
- ☑ 延長保育はある？
- ☑ 休日保育はある？
- ☑ 慣らし保育の期間はどれくらい？
- ☑ 施設は清潔で安全？
- ☑ 園庭やプールはある？
  ない場合は、代わりにどんな遊びをしている？
- ☑ 子どもたちは楽しそうに遊んでる？
- ☑ 給食やおやつは園内の調理室で手作り？
- ☑ 食事のアレルギー対応は可能？
- ☑ 親がかかわる行事や父母会はある？
- ☑ 急病のときの呼び出し基準は？
- ☑ 布おむつ？　紙おむつ？

ここを第1希望に！と思ったのは、こんな保育士さんがいる園でした

見学は必須ね。予約を入れたときの電話対応からも、先生や園の雰囲気が伝わってくるわよ

リアルママの声❶

臨月のときに見学申し込みをしたときのこと。「その日は満月だから、潮の満ち引きで陣痛がきちゃうかもね！　じゃあ、お母さん、その2日前ならどうですか？」と、予定日間近であることに配慮して見学日を前倒ししてくれました。人間味あふれる先生の気遣いから、「あ、ここなら安心かも」と感じました。

リアルママの声❷

園長先生が「最初はどんな子も、大泣きしますよ。でも安心してくださいね。私たちがしっかり受けとめますから」と別れ際に言ったひとことで、「ここの保育園に預けたい」と思いました。

ベテランの保育士さんの懐の深さを感じるひとこと。これは新米ママには頼もしい言葉だわ～

📖 『クローバーナイト』（辻村深月、光文社）：パパ目線で描く共働きの夫婦の連作小説。保活の矛盾と熾烈さを扱った「ホカツの国」は、激戦地の保活経験者なら、きっとなにかしら共感できる。

Q:保育園が決まるまでの流れって?

例:2月に妊娠、10月出産予定。翌年4月から0歳で認可保育園に通わせたい場合

2018年2月頃　祝✿妊娠

3月頃　出産予定日が確定
予定日がわかって、母子手帳をもらったら、まずは、市区町村の保育課で最新の案内をもらいましょう。

4月頃　認可保育園や認可外保育施設の情報収集をスタート
復職のタイミング、0歳から預けるのか、1歳から預けるのかで、保育園選びも変わってきます。認可保育園に決まらなかったときに備えて、認可外保育施設のことも調べておきます。

5~7月頃　施設見学開始
体調がよく、時間に余裕があるときに、見学の予約を入れます。認可外保育施設の場合は、見学予約がなかなか入れられない、見学日が決まっている、見学しないと申し込めない園もあるので要注意。

8~9月頃　保育課への提出書類作成開始
締め切り日を確認のうえ、書類の準備を始めます。不備があると受理してもらえないことも。必要な書類を準備したら、一度、保育課の窓口で確認してもらうと安心です。

10~11月頃　保育課へ書類提出
締め切り直前は窓口が混雑して通常以上の待ち時間になったり、予約が必要になる場合も。締め切り日までには少し余裕をもっておきましょう。申請した保育時間や通勤時間を改めて確認することもあるので、役所に提出する書類は、念のためすべてコピーを取っておく習慣を。

2019年1~2月頃　選考結果が届く
決まらなかった場合は、認可外保育施設の預け先を継続して探し、復職のタイミングを勤務先と相談。

3月頃　入園の準備開始
説明会、健康診断などがあります。

4月　祝✿入園

0歳で預ける場合は、妊娠中から見学や書類の準備…。出産と赤ちゃんのお世話だけでも大変なのに…。パパが保育園の見学に行ってもいいよね。
もっとママをサポートしなくっちゃ~

「希望通りの園には、入れない…!?」
保活でクヨクヨしたときの気持ちキリカエのコツ

長いスパンで考える
認可保育園の激戦地に暮らすお母さんにとって、第1希望の園に入れるかどうかは悩ましい問題。では、「子どもにとって、一生の問題か?」「自分にとって、一生の問題か?」、それくらい長いスパンで考えてみると、どうでしょう?　目の前の保育園に入ることだけが、決して、オンリーワンの選択肢ではないはずです。

自分を責めない
入園できるかどうかは、自分で決められません。最近は、妊娠期間中からの事前準備が当たり前の風潮がありますが、認可保育園に入れるかどうかを左右するのは、本来は、お母さんのがんばりとはまったく無関係であるべきことです。「情報収集が足りなかった」「初動が遅かった」などと自分を責めないで。

住めば都(みやこ)、通えば都
学校も会社も、入ってみなければ、合う・合わないはわかりません。それは、保育園も同じ。担任の先生、同級生のお友だちやそのご家族とのかかわり合い、園での日々の流れなど、入園してみて初めて実感としてわかってくることが、たくさんあります。子どもはどんな環境にも、あんがい、するりとなじんでいくものです。

『PTA、やらなきゃダメですか?』(山本浩資、小学館新書):PTAってそもそもなに?　旧態依然の慣習が保護者の負担になることも。今後を見すえて、イチから情報収集しておきたい。

いつなにが起こるかわからない…

「もしも」の災害時に 家族を守るための備え

準備❶　災害用伝言ダイヤル、使える?

携帯電話、固定電話、公衆電話で利用できます。予行練習も兼ねて、一度試しにダイヤルしてみましょう。

☎ **伝言の録音**

「171」→「1」→「自宅などの電話番号」→ 録音

※自宅の電話番号が登録されて、30秒以内の伝言を入れられます

☎ **伝言の再生**

「171」→「2」→「自宅などの電話番号」→ 再生

※電話番号を押すと安否などの伝言が引き出せます

いざというとき混乱しないように、登録する電話番号を家族で決めておかなくちゃ～

準備❷　助けや緊急時の連絡先、わかる?

☎ **警察**:110番

☎ **消防・救急**:119番

☎ **緊急時の連絡先リスト**:自分、家族、親しい親類・知人にすぐに連絡できるよう、パーソナルデータをメモにまとめておきます。

電子機器類は使えないこともあるから、「メモ」で書き出しておくことが大事なのね～

準備❸　避難場所までのルート、わかる?

家族で避難の予行練習をしましょう。地区指定の避難所まで、非常用のリュックをしょって子どもも一緒に行ってみます。停電や夜中の災害を想定して、夜間に行うのがおすすめ。道が遮断される可能性もあるので、避難所までの迂回路などもいくつか確認しておくと安心です。

子連れで避難のときは、丈夫な靴 を忘れないで!　災害時にもし足をけがしたら致命傷。防災グッズに、靴は必ず用意だよ。あ、ボクはいらないから心配しないで

『なまずんかるた』(オルウィン株式会社):命を守るための教訓を読み札に込めた、防災教育のかるた。「揺れてきた頭かくしてかくれよう」など、いざというときにどうするか、遊びながら考えられる。

非常用リュックの中身って？

〈例〉

- ☑ 非常食
- ☑ 防寒着
- ☑ ペットボトルの水
- ☑ アーミーナイフ
- ☑ キャンプ用の小型コンロ
- ☑ サバイバルシート
- ☑ 油性マジック

Q 重さの目安は？

持ち歩く量の目安は男性10〜12kg、女性5〜7kgが限度なのだとか。必要なものをつめたら、一度はかって、背負ってみましょう。

Q 水はどれくらい必要？

1人あたり一日2リットルとして、3〜5日分あればOK。災害時、水が出る場合はすぐに浴槽・鍋などに水を張っておくと、あとあといろんなことに利用できます。

Q 荷造りのコツは？

重心が下になると重量感が増すので、重いものはリュックの上半分に入れます。

「体ひとつで、逃げる」これを忘れないで！命以外は、後で、なんとでもなるから

こんなものも非常食

- 甘い物は栄養補給に。「羊かん」は腹持ちよし。「ジャム」「フルーツ缶」は糖分とビタミンがとれて一石二鳥。
- 「おしゃぶり昆布」「塩あめ」など、しょっぱいものは健康維持に欠かせないミネラル補給に。「海苔の佃煮」は、ごはんやパン、乾パンと合わせても。
- 「冷凍食パン」は自然解凍するし、そこそこ日持ちします。

衛生面のお役立ちアイテム

- **ウェットティッシュ**…体をふけばお風呂代わりに。陰部をふくときもアルコールタイプなら、スッキリ。
- **パンティライナー**…下着を着替えられないときに。小さな女の子でも使えます。
- **耳栓**…サイレンや騒音に敏感な赤ちゃんや子どもは、耳栓で落ち着くことも。
- **カードやおもちゃ**…時間を持てあましたとき、トランプ、オセロなどが気分転換に。

子連れでいざ、避難のときは、子どもの体に連絡先をメモ！万が一はぐれたときのために、「子どもの名前」「親の名前」「住所」「血液型」「避難所名」などを油性マジックで、腕や手の甲などに書き込んで〜

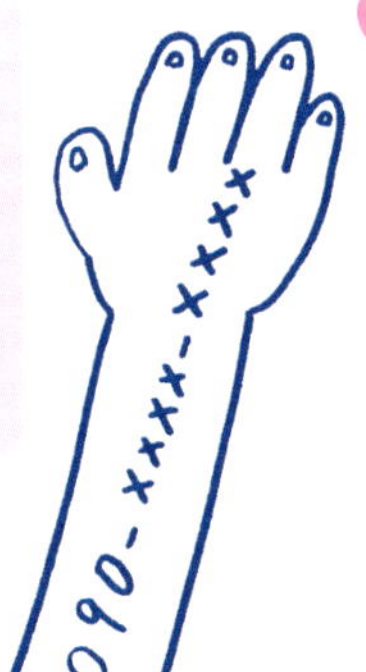

身近な防寒アイテムいろいろ

- **軍手**…手の保護＆手袋代わりに。
- **使い捨てマスク**…ホコリ対策や風邪予防のほか、のどの保護に。
- **ラップ**…頭や体に巻くと、あったかい。
- **大きめのゴミ袋**…足をスッポリ入れれば寝具に。2か所穴を開けてかぶればベスト風の防寒着に。空気を通さないので体温が逃げにくくなります。
- **古新聞紙**…くしゃくしゃにして体にあてるとあたたかみがあります。
- **くたくたのタオルや手ぬぐい**…首に巻けばスカーフ代わりに。

『つなみのえほん―ぼくのふるさと―』（工藤真弓、市井社）：大地震がきたら津波もくる。震災の記憶を風化させないためにも、ポスト3.11の子どもたちに読み聞かせたい。

覚えられない…

ある日、小児科にて
乾燥肌なので…
プロペロを…
あ、プロペトね。

ちょっと湿疹が…
コロイド軟膏を…
あ、ロコイド軟膏ね!

咳と鼻水が
すごいので
ムダイコンを…
?
あ、ムコダインね

小児科
ムコダイン?
ムダイコン?
う～ん…
薬の名前って
むずかしい…

第7幕

とことん遊ぶよ！ 覚悟しとけ～

～子どもとの一日を120％楽しむゆるコツ～

KIDS

いつもの散歩道がキラリときめく8つのコツ

お散歩コース、おきまりで飽きちゃうなぁ…

コツ1 **時計は持たない**

携帯、スマホ、腕時計…あらゆる時間は不携帯でよし。風の吹くまま、気の向くまま、休日くらい親子で時間から自由になりましょう。太陽の位置、外の明るさ、気温の変化などを体で感じ取ってみると新鮮。「今」をもっと楽しめます。

コツ2 **リアル世界で、ミッケ！**

人気の絵本シリーズ『ミッケ！』を散歩道で再現。「赤いポストはどこ？」「あれ、電線にカラスが2匹」「向こうから黒い車が」など、通り過ぎる景色を舞台にいろんなものをミッケ！してみて。

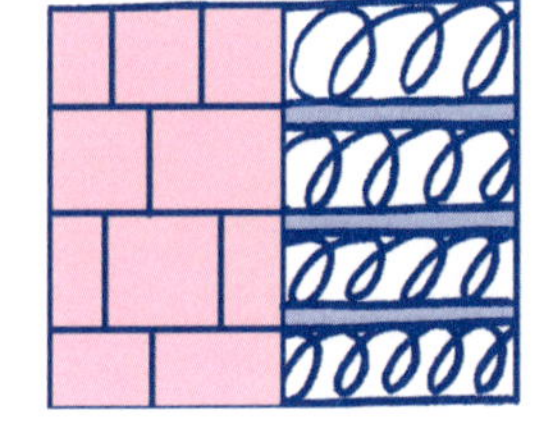

コツ3 **その日の"テーマ"を決める**

「これを見つけよう！」とテーマを決めると、意欲が湧いてきます。たとえば、「この色えんぴつと同じ色を探そう」「クレヨン全色、どこにある？」など、色から散歩道を見ると、真新しい世界が広がります。

コツ4 **レンガ塀やフェンスであみだくじ**

塀やフェンスの模様も、じっと眺めているとそれぞれユニーク。なぞっていくと…どこにたどりつく？

『ダンゴムシの本』（奥山風太郎＋みのじ、DU BOOKS）：飼い方から多様な種類や生態まで、子どもたちの人気者・ダンゴムシのすべてがつまった1冊。じつはチーズが大好物だとは！

コツ5 ねじりんぼうごっこ

床屋のシンボルのくるくる回る看板を見つけたら、真似してくるくる回っちゃおう〜! ただそれだけの単純な遊びなのに、盛り上がるんです。

コツ6 自作の"お散歩クイズ"持参

つるつる、とげとげなどの触感に関する言葉をリストアップ。見つけたらチェックします。宝探しのようなワクワク感。犬、猫、うさぎ、カラスなど、実物だけでなく看板や絵まで対象にした"動物探し"も面白いです。

コツ7
石拾い

拾った石で一工夫。遊び方は…家に帰ってからのお楽しみ(192ページ参照)。

コツ8
"花まんま"作り

お弁当箱や空き箱に、雑草、葉っぱや花びら、ドングリや木の実などをお弁当のおかずに見立てて、敷きつめていきます。100%自然派、幕の内弁当のできあがり。短編小説「花まんま」(朱川湊人、文春文庫)に登場する女の子がしていた遊びをヒントに。

拾った花や葉っぱでもうひと遊び

その❶ 製氷器に小さな花びらや葉っぱを入れて凍らせれば、美しい模様の氷のできあがり。ガラスのコップに浮かべたり、ガラス皿にのせて食卓の飾りに。お風呂遊びのおもちゃにもなります。

その❷ 朝顔、笹、樫(かし)、南天(なんてん)などの葉はお弁当の間仕切りにも。イチョウやモミジの葉を添えれば食卓に季節感が出ます。よく洗ってぬらしたキッチンペーパーにはさんで密閉容器に入れれば、冷蔵庫で2、3日は保存可能です。「今日取ってきた葉っぱ、ごはんに添えようね」で、散歩とごはんの楽しさ倍増です。

『タイポさんぽ』(藤本健太郎、誠文堂新光社):グラフィックデザイナーの著者が散歩途中で遭遇した魅力的な文字の数々を紹介。ユニークな文字や味わい深い看板探し、子どもと一緒にぜひ。

KIDS

せっかくの休みなのに雨…

家の中はワンダーランド

おうち遊びの楽しいアイデア

ぺったん！　野菜はんこ

野菜をお好みの部分でカットし、布用インクパッドや絵の具をつけて、綿や麻などの布地もしくは紙に押していきます。使う野菜は余り物ならなんでもOK。小松菜、水菜などの葉物野菜は、小さな花が密集したようなかわいい模様に。野菜はんこを押した布地の周囲をかがれば、ハンカチやお弁当包みに。市販のシンプルなトートバッグやTシャツに押せばオリジナルデザインのできあがり。はがきに押して、じいじばあばへの季節のお便りにも。

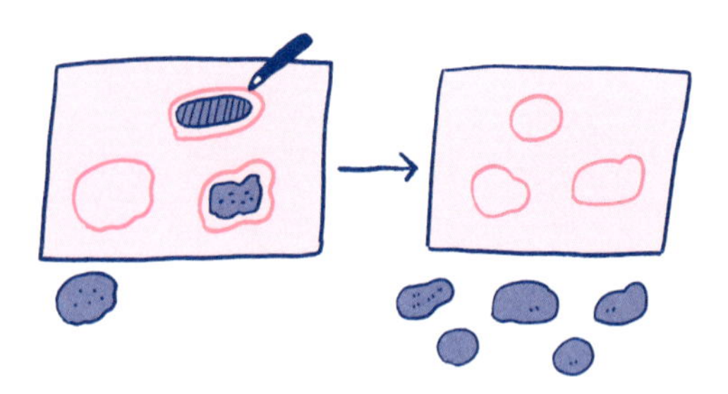

石ころパズル

いつものお散歩で拾った石を用意（191ページ参照）。画用紙の上に置いて、クレヨンやサインペンで輪郭をなぞります。石を全部はずしたら、パズルの完成。石のピースにクレヨンや絵の具で色づけしても楽しいです。石の代わりに葉っぱでもできます。

『はりがねハンガー』（のさかゆうさく、福音館書店）：はりがねハンガーを引っぱって、曲げて、組み合わせれば、ペンギンやうさぎに早変わり！　ハンガー遊びのヒントがいっぱい。文章のリズムも心地いい。

ビニール袋の凧

晴れの日に使えるように、外遊び用のおもちゃ作りをするのも◎。取っ手つきのビニール袋に、シールを貼ったり、油性ペンで絵を描いたりします。袋の底の部分にリボンやビニールテープでしっぽのような飾りをつけ、取っ手部分を毛糸でしばれば、完成。

「。（句点）」探し

新聞紙や雑誌の「。」を探して、ぬりつぶしていきます。少し文字がわかる子なら「ひらがなの『あ』を探そう」「漢字の『一』を探そう」としても。

紙のプール

段ボール箱、ビニールプールの中に、ちぎった新聞紙やチラシなどを敷きつめれば、即席プールのできあがり。紙吹雪のように降らせたりして遊びます。

※紙を口に入れたり、容れ物が倒れたりしないよう、ケガや事故には注意してください。

柱のキズごっこ

柱にかかとと背筋をつけて、家族みんなで身長のはかりっこ。キズをつけたくなければ、マスキングテープで。雨の日は子どもたちの成長を確認する日にしましょう。

床で、広々おえかき

いらない紙を床一面に敷いて、テープで留めます。これだけで、巨大なおえかきシートに！

『どこどこ？ セブン』（藤本真、自由国民社）：ファンタジックな写真で展開される間違い探し絵本。左右を見比べると7つの違いが。見ているだけでワクワク感満点。「動物」「クリスマス」などシリーズもいろいろ。

KIDS

旅行って、わざわざ行く必要ある？

今すぐでかけたい 旅を盛り上げるコツ

旅というミッションが家族をタフにする

国内でも海外でも、日常をほんの少し離れる旅時間は、かけがえのない思い出になります。子どもがいると、行動も移動距離も制限されるかもしれませんが「日常を脱出する」という1つのミッションは、家族をひとまわり大きくするきっかけにも。帰ってきたら、「あれ、けっこうできるものだね！」と、次に旅立つ自信と余裕も持てます。

子どもとの家族旅を盛り上げるコツ

季節を変えて同じ場所に行く

旅先に迷ったら、一度行った場所をもう一度選ぶのも賢い選択。二度目は安心感が違います。あえて違う季節に、違う景色、新しいレジャーを体験できたら、再訪する醍醐味満点。

目的地を徹底リサーチ

その土地のちょっと気になる店や場所、食べたい物をスクラップ。まとめるのを子どもにも手伝ってもらいます。関連した絵本を読むのも◎。調べていくうちに、だんだん旅心にも火がつきます。

現地でのお楽しみアイテムを用意

荷物は少なめが原則だけど、ここぞというときのお楽しみにはこだわりたい。たとえば、現地でお祭りがあるなら、浴衣と甚平を持参。ハレの日用のワンピースやアクセサリーなども。

『地元スーパーのおいしいもの、旅をしながら見つけてきました。47都道府県！』（森井ユカ、ダイヤモンド社）：スーパーが旅の目的というのも悪くない。地元グルメの情報満載。宝探しの感覚で、さぁ、あの町のスーパーへ！

新品を1つだけ用意

たとえ安いTシャツでも、新しいものに袖を通すときの新鮮さは格別。身につけるものの中に1つだけ新品を加えると、すがすがしい旅立ちに。

親子で"ペアルック未満"の装いで

子どもとペアルックはちょっと気恥ずかしい…。そんなときは、色の系統や、小物だけおそろいにします。たとえば、ママは水玉、遠目には水玉だけどじつは花柄の似た柄を子どもに…とすれば、トーンがそろって仲良し感アップ。装いから気分も上がります。

コンパクトカメラ持参

なにが写っているかわからないからこそ、デジカメにはないワクワク感があります。子ども用に1つ、ママ用に1つ持っていき、同じ旅をどんな目線で見ていたか、現像してから違いを発見するのも素敵な旅みやげに。

旅先で気分を盛り上げるコツ

★ 絵はがきを出す

おみやげ屋さんで、子どもに絵はがきを選んでもらいます。ご当地限定のユニークなポストカードもあるので、旅先で郵便局に立ち寄るのも楽しいです。宿でひと休みのときにササッと書いて、現地で投函。子どもに自由に書かせれば、旅のどんなところを楽しんでいるかがわかります。じいじばあばへのサプライズな近況報告にも。

★ すぐに使えるものを買う

帽子、Tシャツ、バッジやブローチなど、すぐに使える&身につけられるものなら、子どもも喜ぶうえ、おみやげにも◎。

★ 旅先オンリーのネイル

マニキュア1、2個くらいなら、たいした荷物にもなりません。目的地に合わせた色を選ぶのも楽しいもの(旅限定で、娘とおそろいにしても!)。

★ この旅のベスト3はなに?

一日の終わりでもいいですが、「今日のベスト3は?」を家族みんなで言い合うのも一興。子どもが実際、なにを楽しんでいるかは、大人にとっても興味津々。

『はがぬけたらどうするの?』(セルビー・ビーラー・文、ブライアン・カラス・絵、こだまともこ・訳、フレーベル館):歯が抜けたときの世界64地域の風習を紹介。いろんな文化に好奇心や共感を持つきっかけに。

KIDS

子連れで旅したい！でも…

出不精の常套句「でも…」をちょっぴり軽くするコツ

でも、荷物が多いし大変…

衣類や日用品は、旅行の日数に合わせて使うギリギリの量に。万が一…と迷ったら現地調達という割りきりで。荷物が軽いと心も体も気分も軽やかになって、見たい所をもう1つ欲張る余裕も生まれます。

荷物を減らすコツ

着替えは洗濯

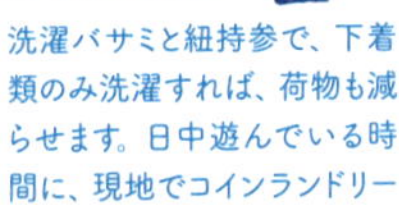

洗濯バサミと紐持参で、下着類のみ洗濯すれば、荷物も減らせます。日中遊んでいる時間に、現地でコインランドリーを使用しても。

おみやげのつもりで現地調達

たとえば、バスグッズやスキンケアグッスは、その土地でしか手に入らないものもあります。小サイズを現地調達して、あまったらおみやげに。

子連れ旅の必携アイテム

- ☑ **保険証と医療証** ➡ 万が一の急病に備えて
- ☑ **下着・服・靴下などの着替え** ➡ 子どもは日数プラス一日分
- ☑ **おむつ** ➡ 一日4枚の目安×日数、プラス1〜2枚
- ☑ **おしりふき** ➡ 手ふきや食べこぼし用に家族全員で使える
- ☑ **常備薬** ➡ もしあれば

医療証、保険証以外は、いざとなったら、コンビニやドラッグストアでも買えるよね〜。だとしたら、手ぶらで子連れ旅も夢じゃない…!?

子連れ旅でわりと使えるアイテム

☑ **手ぬぐい**

乾きが速いのがなにより。入浴、手ふき、首に巻いて日よけにも。1つあると重宝します。

☑ **ジップロック**

チケット、半券など、こまごましたものの迷子防止に。透明で封ができて、管理がラク。

☑ **ゼムクリップ**

チケットなどを取り出しやすいように、子どものかばんの内ポケットに留められます。

☑ **使い古した大人の靴下**

乗車中に座席によじのぼっても、子どもの靴の上からスポリかぶせれば、靴の着脱不要。

📖 『ブラタモリ』（NHK「ブラタモリ」制作班・監修、KADOKAWA）：知っていたはずの場所なのに、別の角度からの情報を知ると新鮮に見えてくるふしぎ。同じ場所を何度も旅してみたくなる1冊。

でも、子どもがぐずったら大変…

子どもの願いを先に叶えてあげると、旅先でもごきげんです。まずは子どもを楽しませて、大人の楽しみはその後に…という優先順位で。

ぐずり防止のコツ

サプライズで大好きなおもちゃを用意

"サプライズ"というところがポイント。移動中や飲食店で困ったとき用に、お気に入りのおもちゃや遊び道具をこっそり用意しておいて、サッと手渡します。

ふだんの暮らしを用意

大人は旅に"非日常"を求めがちですが、子どもは、いつも通りのことができれば、どこでも楽しいもの。暮らすように滞在できるウィークリーマンションや短期滞在型の宿泊施設なら、現地調達の素材で料理もできて、家にいるようにくつろげます。

スキマ時間を埋めるアイテム用意

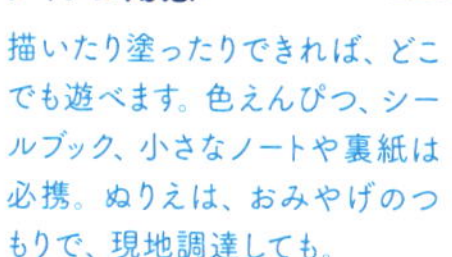

描いたり塗ったりできれば、どこでも遊べます。色えんぴつ、シールブック、小さなノートや裏紙は必携。ぬりえは、おみやげのつもりで、現地調達しても。

でも、疲れてケンカになりそうで…

旅は日常の延長にあるもの。だから夫婦ゲンカも親子ゲンカもつきものです。旅先でケンカしたくないな…と思ったら、出発前と旅先で、こんな工夫で乗りきっては？

ケンカ回避のコツ

出発前のおまじない

「旅行の間は、ケンカしないで楽しく過ごそうね」を、玄関を出るときの家族のおまじないとして習慣化。言霊の力、あなどれません！

旅先でこそ、別行動

お互いやりたいこと、見たいものが違うなら、別行動の日を作ってみては？　ストレスも減り、しなくていいケンカを回避できるかもしれません。たとえば、パパは子どもと一緒に水族館、ママは1人で買い物とお茶…というように。その日の別行動を報告し合うひとときも、旅の楽しみに。

留守宅へのいたわりの心も、
旅が教えてくれること！

出発前に親子でチェック

- ☑ **冷蔵庫は空っぽ？**
  ➡ 生もの、消費期限が近いもの、開封済みの牛乳やハムは食べきって。
- ☑ **台所や水まわり、きれい？**
  ➡ 最低限そうじしておくと、帰宅後におわず気分がいい（ゴキブリ対策にも）。
- ☑ **植物は平気？**
  ➡ 帰宅後枯れてたら、かわいそう！
- ☑ **ご近所にごあいさつした？**
  ➡ ご近所の目が防犯にも。ひとこと知らせておくと安心。ちょっとした手みやげも忘れずに。

『凸凹ぬりえ　どうぶつ編』（とみたあすか・イラスト、コクヨS&T）：凹凸の上に紙を敷いて色えんぴつでこすると、絵が浮き上がってくる。繰り返し使えて、移動中でも静かに遊べる。「くだもの編」もあり。

子どもに春を教えよう

2月【如月】

◎立春（2月4日頃）暦の上では春の始まり

◎雨水（2月19日頃）雪やあられが雨に変わる

3月【弥生】

◎啓蟄（3月6日頃）虫たちの目覚め

◎春分（3月21日頃）昼と夜の長さがほぼ同じに

4月【卯月】

◎清明（4月5日頃）すべてがいきいきとする

◎穀雨（4月20日頃）穀物を潤す雨が降る

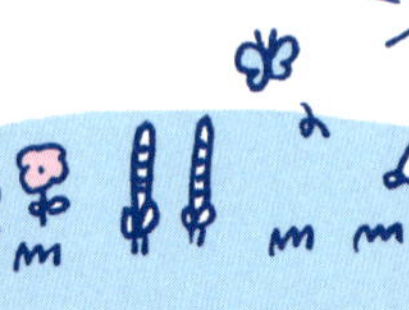

春の暦が教えてくれること

2月29日「閏日」は、4年後の夢を語る日

4年に一度しかない特別な日だからこそ、それを利用してみませんか？　たとえば、4年後の夢について家族で話したり、逆に4年前になにがあったか、振り返ってみたり。4年周期で家族にどんな変化があるでしょうか？

「お彼岸」は、ご先祖様とお日様に「ありがとう」

3月20日の春分の日を中日とし、前後3日間を合わせた7日間を春のお彼岸といいます。彼岸とはあの世のこと。お墓参りはもちろん、子どもにご先祖様のお話を聞かせてあげましょう。日願という言葉もあり、太陽に感謝する日でもあります。

4月8日頃「桃のお花見」にも、行こう

桃の開花に合わせて、桃のお花見も粋なもの。桜と桃の花びらの違いを比べてみるのも楽しい遊びに。4月8日はお釈迦様の誕生日で、全国のお寺で「花祭り」の法要が行われます。参拝客に無病息災の効果がある甘茶をふるまってくれる寺も。

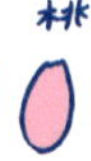

『なぞなぞなーに　はるのまき』（いまきみち、福音館書店）：季節の自然と言葉遊びが一緒に楽しめるなぞなぞ絵本。大人には頭の体操にも。なつ、あき、ふゆのまきも、おすすめ。

春に食べたいもの

恵方巻き

その年の恵方の方角を向いて1本食べきるまでは誰ともしゃべりません。太巻きには「福を巻き込む」「縁を切らない」の意味が込められています。

おいなりさん

2月の最初の午（うま）の日（初午）は、稲荷神社の縁日の日です。五穀豊穣、商売繁盛を願って、お稲荷様にいなり寿司をお供えします。この日のおやつは、おいなりさんで決まり！

春キャベツのサラダ

サッと湯通ししたキャベツにオリーブオイル、塩をかけて、レモンをひと絞り。ほんのり甘い春の味です。

野遊び弁当

花が咲き鳥がさえずると、お弁当持参ででかけたくなります。ピクニックではなくあえて"野遊び"と言えば、春の到来を喜ぶ気持ちも増しそう。おにぎりだけでも立派なお弁当、子どもと一緒にせっせと握るのも楽しいひとときです。

春のおまじない

「鬼は外！　福は内！」

節分の豆まきのときのおまじないですが、悪いことが家や心の中に入るのを防ぐ意味があります。鬼を冬将軍に、芽を出す豆を生命を生み出す霊力ととらえることもあるのだとか。豆まきには、春を呼び寄せたいという願いが込められています。豆まきの豆を煎るのは「魔の目を射る」にかけています。

こんな具材もおにぎりに！

- 枝豆×しらす
- しょうゆ漬けのうずらの卵
- カリッと揚げたスライスアーモンド
- 残り物の唐揚げやコロッケ

春の外遊び

●ツバメの巣を見つけに行こう

ツバメは、猫や大きな鳥などの外敵から身を守るために、人の出入りが多くてにぎやかな場所を好んで巣作りします。ツバメが安心できる場所は、人にとっても心安らぐなにかがありそうです。「なんでここが好きなのかな？」と、子どもと一緒に考えてみては？

●花びらのドレス

花びらをたくさん集めたら、マスキングテープや両面テープで、服にペタペタペタ。首元にたくさんつけてフリルのようにしたり、胸のところに集めてコサージュのようにしたり。取るときも簡単です。

●さくら風呂

たくさん拾った桜の花びらを湯船に浮かべてみます。ほんのり桜の香り。

●地面に寝ころぶ

陽気がいい日、暖かな日は、ただ地面にごろんとしてみましょう。風の音、草のにおい、小鳥の声…いろんなことを感じられます。親子で空を見上げて話すのも素敵なひとときです。

●春一番はいつ吹く？

「春一番」は、立春以降に初めて吹く強い南風のこと。今日の風はちょっぴりあったか？　まだまだひんやり？　子どもと毎日「風くらべ」して春の到来を待つのも、楽しい遊びに。

『せかいいち うつくしい ぼくの村』（小林豊、ポプラ社）：アフガニスタンの村に実りの春が訪れる。温かな家族、美しい季節の移ろいの中、戦火の影がちらつく。ラストが切ない。

子どもに夏を教えよう

5月【皐月（さつき）】

◎**立夏（りっか）**（5月6日頃）夏の始まり

◎**小満（しょうまん）**（5月21日頃）すべてが新緑に包まれる

6月【水無月（みなづき）】

◎**芒種（ぼうしゅ）**（6月6日頃）稲の種を植える時季

◎**夏至（げし）**（6月21日頃）1年で一番昼が長く夜が短い日

7月【文月（ふみづき）】

◎**小暑（しょうしょ）**（7月7日頃）梅雨明けも間近

◎**大暑（たいしょ）**（7月23日頃）暑さが厳しい時季

夏の暦が教えてくれること

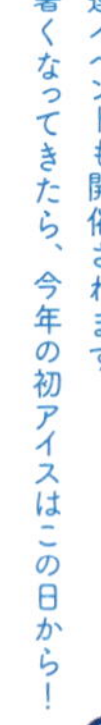

5月9日「アイスクリームの日」

各地で関連イベントも開催されます。そろそろ暑くなってきたら、今年の初アイスはこの日から！

6月16日「和菓子の日」

848年、仁明天皇が「16日」にちなんで、16のお菓子を疫病退散のために供えたことに由来します。和菓子の生菓子は主に四季をテーマにしたもの。「アジサイが色づいてきた…」と季節の変わり目を感じたら、子どもと一緒に和菓子屋へ。日本の四季を感じられます。

7月23日「文月ふみの日」

「ふみの日」にちなんで、ちぎり絵の暑中見舞いを出してみませんか？ 太陽、山、白い雲、スイカなど、夏らしいモチーフを子どもと一緒に考えながら、季節の便りを作ります。遠くに住むじいじばあばへ送るのも。夏らしい切手探しも、季節を感じる遊びになります。

『まほうの夏』（藤原一枝・はたこうしろう・作、はたこうしろう・絵、岩崎書店）：セミの大合唱、海釣り、夕立…味わったことがなくても懐かしさがこみあげてくる、夏への憧憬をぎゅっとつめ込んだ物語。

夏の暦で飲むドリンク

香りさわやかな新茶

立春から数えて八十八日目（5月2日頃）は「八十八夜」、お茶の産地で茶摘みが始まる頃です。子どもと一緒にカレンダーを見て数えてみて。八十八夜の日に摘んだ新茶を飲むと、その1年を健康に過ごせるといわれています。「新茶ください！」なんて、お茶屋さんに買い物に行くのも、粋です。

新茶のおいしいいれ方

1. 1人あたりティースプーン約2杯の茶葉を急須に入れる。
2. 湯のみに注いだ湯を約70～80度に冷まして急須に注ぐ。
3. 40秒くらい抽出してから急須を2～3回まわす。
4. 湯のみに均等に注ぎ、最後の一滴まで出しきる。

夏のおやつ

蒸しとうもろこし

薄皮1枚を残したとうもろこしを、蒸し器に入れて、中火で10～15分蒸します。粒が黄色くぷっくりしてきたら火を止める目安です。冷水にサッとくぐらせると粒がピンときれいなまま。薄皮を残して蒸せば、風味も逃げずおいしさもアップ。

冷凍チョコバナナ

バナナを半分に切り、割り箸を刺して凍らせます。湯煎で溶かした板チョコに牛乳を少し入れてのばし、凍ったバナナをくぐらせます。お好みでチョコスプレーやスプリンクルでデコレーションするとカラフルでかわいいおやつに。

フルーツシャーベット

イチゴ、桃、パイナップルなどの好みの果物150g、きび砂糖大さじ1、水50mlをすべてミキサーにかけ、容器に入れて冷凍庫へ。1時間おきにかき混ぜて、冷やしかためます。

夏の外遊び

●近所の朝顔に「おはよう」散歩

朝顔を見るなら、だんぜん、朝！　ちょっぴり早起きして「朝顔探し」と題した散歩にでかけてみては？

●赤い月"ストロベリームーン"を見てみよう

夏至の頃に見られる赤みがかった満月のことをストロベリームーンといいます。見ると幸せになれるともいわれています。今年は見られるかな…？

夏のおまじない

「サトイモの葉にたまった朝露で墨をすって書くと字が上達する」

サトイモ以外なら、笹やツユクサでもOK。天の力が宿っているそうです。

「くわばらくわばら」

雷が多い夏の時季、ゴロゴロ…という轟を聞いたら、落雷を避けるおまじないを唱えてみては？　イヤな予感がしたときやトラブルに遭いそうになったときにも効果があるのだとか。

10～14時は紫外線量がとくに多い時間帯だよ。そして日陰はひなたに比べて紫外線量が半減。気になるときはこの時間帯を避けて、日陰で遊んでね。目のつまった布の服やつばのある帽子で、体を覆うといいよ

『ざっそうの名前』（長尾玲子、福音館書店）：ブタナ、チドメグサ、キツネノマゴ…家の周囲をぐるっと一周するだけでも、たくさんの植物との出逢いがある。雑草のいたいけさを刺繍で表現した愛らしい1冊。

子どもに秋を教えよう

8月【葉月（はづき）】

- 立秋（りっしゅう）（8月8日頃）秋の始まり
- 処暑（しょしょ）（8月23日頃）暑さも和らぎ朝夕に涼しい空気が

9月【長月（ながつき）】

- 白露（はくろ）（9月8日頃）朝、葉先に露が宿る
- 秋分（しゅうぶん）（9月23日頃）昼と夜の長さがほぼ同じに

10月【神無月（かんなづき）】

- 寒露（かんろ）（10月8日頃）朝夕が一段と冷える
- 霜降（しもふり）（10月23日頃）北国では霜が降り始める頃

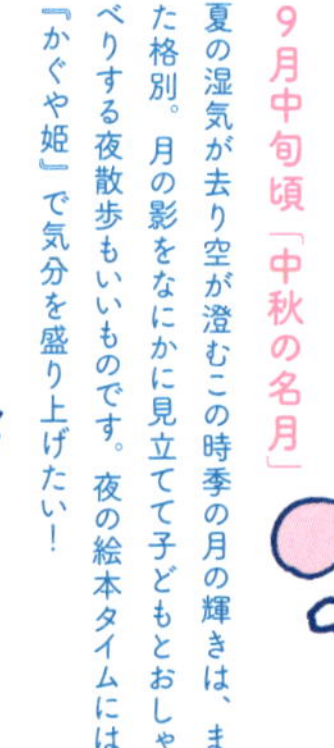

秋の暦が教えてくれること

8月1日〜7日「スター・ウィーク」

全国的に梅雨も明け星空が美しいこの時季は、各地で天体観望会などのイベントが行われます。親子で星空を見上げてみませんか？

9月中旬頃「中秋の名月」

夏の湿気が去り空が澄むこの時季の月の輝きは、また格別。月の影をなにかに見立てて子どもとおしゃべりする夜散歩もいいものです。夜の絵本タイムには『かぐや姫』で気分を盛り上げたい！

10月26日「柿の日」

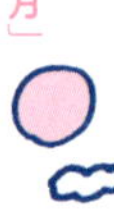

俳人正岡子規が10月26日からの奈良旅行で「柿くへば鐘が鳴るなり法隆寺」を詠んだことに由来。「柿が赤くなると医者が青くなる」といわれるほど栄養満点で、おやつにもぴったりです。千切りにしてサラダにも。アボカドや大根と相性がいいです。

秋のおまじない

「くさめ！」

風邪がはやり出す時季。子どもが「くしゅん！」とくしゃみをしたら、「くさめ！」と唱えて。中世の日本では、くしゃみをすると魂が鼻から抜けて、早死にすると考えられていたのだそう。それを防ぐためのおまじないです。

秋に作りたいおやつ

炊飯器でしっとり甘〜いおいも

炊飯器にさつまいもを丸ごと1本入れ（入らなかったらちょうどいい長さにカット）、浸るくらいまで水を入れてスイッチオン。スイッチが切れたらできあがり。バターをのせてスプーンで食べても。濃厚なスイートポテトです。

『図解「月夜」の楽しみかた24』（中野純、講談社+α文庫）：月の木漏れ日で遊ぶ“月傘”、小さな隙間から月を見上げる“月覗き”など、月夜が待ち遠しくなる遊びのアイデアがいっぱい。

名前がわかれば
もっと楽しい！

秋の散歩道名簿

よく見るけど名前がわからない秋の仲間たち。

葉っぱ

イチョウ

寿命が長く、生きる化石の異名も。葉先に注目するとその形はさまざま。たくさん拾って見比べてみたい。

イロハモミジ

"モミジ"と呼ばれるのはこれ。葉先を「いろはにほへと」と数えたことが名の由来。

サルスベリ

丸みのある卵形。「百日紅（ひゃくじっこう）」という別名の通り、花は100日間咲き続ける。

ソメイヨシノ

"サクラ"と呼ばれるサクラはこれ。江戸時代の染井村（現・東京都豊島区駒込）の植木職人によって売り出されたことが名の由来。

キンモクセイ

革のようになめらかで光沢も。ぱりぱりとした質感。

ケヤキ

紅葉した葉は赤・橙・黄・茶と美しい彩り。葉の裏はざらっとしている。

カクレミノ

かぶると姿を消せるといわれる天狗の隠れ蓑（みの）に見立てたのが名の由来。

カツラ

ハート型が愛らしい。落ち葉はカラメルのような甘い香り。

ドングリ

マテバシイ

国産ドングリでダントツかたい。虫喰いも少ない。

スダジイ

たまに2つの実入りの双子も。タンニンを含まず生でも食べられる。

クヌギ

丸くてコロコロしていてよくころがる。

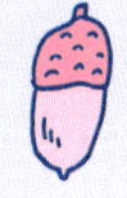

ミズナラ

北海道ではドングリ＝ミズナラ。名前の通り水分を多く含む。

じつは街路樹って、最強の"選ばれし樹木"だったって、知ってた？ 大気汚染・病気・虫・剪定に強く、葉が美しく、しかもその土地の気候風土に合っている…これだけの条件をクリアできるってすごいこと！　なんか尊敬しちゃうなぁ〜

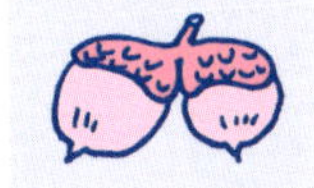

ピンオーク

材を牧場の杭（pin）に利用したことに由来する。ネイティブアメリカンの食料でもあった。

レッドオーク

ナイフの刃も立てられないほど頑丈なのが特徴。明治初期に日本に渡来。

『ドングリ・ドングラ』（コマヤスカン、くもん出版）：新天地を目指すドングリの冒険物語。「ドングリドングラ」のかけ声で「前進あるのみ！」のドングリたち。小さな体に秘めたパワーはたくましい。

子どもに冬を教えよう

11月【霜月（しもづき）】

◎立冬（りっとう）（11月8日頃）冬の始まり

◎小雪（しょうせつ）（11月23日頃）初雪が降り始める頃

12月【師走（しわす）】

◎大雪（たいせつ）（12月7日頃）あたりはすっかり冬景色

◎冬至（とうじ）（12月22日頃）1年で一番昼が短く夜が長い日

1月【睦月（むつき）】

◎小寒（しょうかん）（1月6日頃）寒の入り

◎大寒（だいかん）（1月21日頃）寒さが一番厳しい時季

冬の暦が教えてくれること

11月1日「炉開きの日」

旧暦10月中の亥（い）の日（もしくは旧暦10月1日）は炉開きと呼ばれ、この日にこたつなどの暖房器具を出すと、寒い冬を健康に過ごせるといわれています。

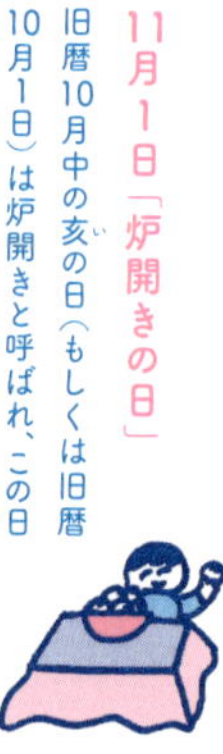

12月13日「すす払いの日」

お正月の神様（年神様）をお迎えする日。古くはこの日に家中のすすを払い、年神様を迎える準備を始めました。

1月8日「どんど焼きの日」

お正月飾りを燃やし、年神様をお送りする日です。地域により、10日や15日頃に行う場合も。どんど焼きの火を囲んでお餅を焼きます。この火で焼いたものを食べると1年を元気に過ごせるのだとか。

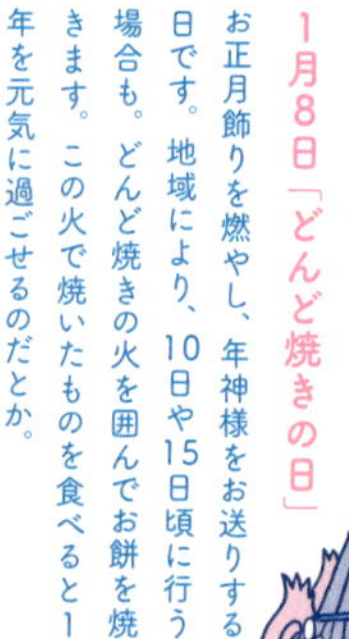

遊びや暮らしのヒント

ぞうきんがけ、やってますか？

小さな子にも「マイぞうきん」を！ 階段、廊下など、まずは小面積から慣らしていきましょう。ぞうきんは3分の1だけ湿らせて絞り、ぬらした部分を中にはさむように3分の1サイズに折ると使いやすいですよ。ササッと磨けば、気持ちもスカッとします。

『十二支のしんねんかい』（みきつきみ・文、柳原良平・画、こぐま社）：リズミカルな文とポップな切り絵で十二支の仲間たちを紹介。同じ季節に読むなら、『どんぶらどんぶら七福神』もおすすめ。

冬のぽかぽかドリンク

柚子の葛湯

市販の柚子ジャムを水で溶き、片栗粉を加えて混ぜます。弱火でとろみが出るまでかき混ぜて、透き通ってきたらできあがり。柚子はビタミンCが豊富で風邪の予防効果も。黄色い柚子の色は見ているだけで元気になれます。冬至の柚子湯の後は、柚子の力を体にも!

と〜っても甘い! ホットココア

市販のチョコレートを細かく刻みます。耐熱用のカップに牛乳と刻みチョコを入れて、レンジで1分チン。甘〜くしたいときは、刻みチョコをもっとプラス! ホワイトチョコなら、真っ白なホットココアに。

冬のごちそう

七草がゆ

七草(せり、なずな、ごぎょう、はこべら、ほとけのざ、すずな、すずしろ)を塩ゆでしてサッとアク抜きし、刻んでおかゆに混ぜます。お好みで、梅干しやごまを入れてもおいしいです。春の若菜から元気をもらい、寒い季節も元気に過ごせます。

冬のおまじない

なかきよの　とおのねふりの　みなめさめ
なみのりふねの　おとのよきかな

このおまじないを書いて枕の下に入れるとよい初夢が見られるのだとか。初夢は、元日や1月2日の夜に見る夢のこと。ちなみに、これは上から読んでも下から読んでも同じ「回文」という言葉遊びの1つ。永遠に続くようで終わりがないことから、縁起がよいとされています。

「七草を浸した水に爪をつけて切ると、風邪を引きにくくなる」

1月7日に七草がゆを作ったときは、水を捨てずにやってみたいもの。あえてこの日を新年初爪切りの日にするという風習もあります。

冬の遊び

○クリスマスリース作り

ドーナツ型にくり抜いた段ボールに、木工ボンドで拾ってきたものを貼りつけるだけ! 落ち葉や木の実で、オリジナルのリースができます。

○新年までのアドベントカレンダー作り

大きな白い紙に赤い色紙でポケットを作り、小さなおもちゃ、メッセージカード、ひとくちサイズのお菓子など、子どもが喜びそうなものを入れます。通常アドベントカレンダーはクリスマスまでのものですが、ここは日本。お正月まで楽しみを延ばしてしまいましょう! クリスマス後の日付を違う色にしても変化があって面白いです。白い布とフェルトで作れば、毎年12月に使える季節のアイテムに。

○手作りお年玉宝くじ

和紙に500円玉や100円玉などの硬貨、あめ玉、チョコ、ハズレくじなどを包んで、水引きや紅白の紐、リボンで結びます。カゴに入れ子どもたちに「さあどうぞ!」。ポチ袋で手渡すより、くじ引き感覚でずっと盛り上がります。

○新年は、すべてに「初」をプレゼント

初詣、初笑い、書き初めなど、初ものにこだわるのも新年ならでは。初メール、初手紙、初電話、初折り紙、初トイレ、初なわとび、初泣き、初だじゃれ、初でんぐり返し…! あらゆるものに「初」をつけて、新年を笑いで満たしてみては?

『そりになったブナの木』(田畑精一・神沢利子、国土社):自由に跳ね回る動物たちがうらやましいブナの木は、ある日切り倒され、そりの材料に。生まれ変わって雪山を疾走する姿は躍動感たっぷり。

子どもの「なんで？」に困る

なんて言えばいい？ ママの賢い切り返しパターン

ママー、空ハ、ナンデ、青イノー？

必殺！ **ファンタジー返し**

「それはね、太陽が青い絵の具を溶かした水を、こぼしちゃったんじゃないかな？」

「それはね、お星様がいっせいに、青いクレヨンでおえかきしたのよ、ガガーッてね！」

子どもは空想の世界の住人になるのが大好き。年齢によっては、この返しで全然問題ないことも。通用しなくなってきたら、「正当理論返し」に切り替えです。

必殺！ **質問返し**

「なんでだと思う？」

あえて同じ質問をオウム返しすれば、子どもが自分で考えるきっかけにもなります。また、忙しくてどうしても相手をしてあげられないときは、こうして子どもに考えさせておけば、ちょっぴり時間稼ぎにも。手があいたら、「…それで、さっきの答え、どうしてだと思う？」と、子どもにたずねてみるといいですね。「ママはちゃんとお話を聞いているよ」という意思表示にもなります。

『たのしい！ かがくのふしぎ　なぜ？ どうして？ 1年生』（村山哲哉・監修、高橋書店）：子どもの“知りたい欲”に対応するための、ママ必読の書。イラストも多いので、小さい子にも説明しやすい。

必殺！「教えて」返し

**「うーん、なんで青いのかな？
ママに教えて。今度お空の絵本を
借りてみようか？」**

**「ママも知らないんだ。
じゃあ、一緒に考えてみよっか？」**

わからないことを、正直に認める。それも、親の答え方としてアリです。その場合は、「わからない」で終わらせないで「今度、お空の絵本を探してみよう」「図鑑で調べてみよう」など、子どもと一緒に遊んだり、考えたりするきっかけにつなげましょう。子どもの「なんで？」は、成長の証であり、好奇心の芽生え。親子で成長する機会にしたいですね。

必殺！正当理論返し

「それはね、太陽から届いたいろんな色の光が、地球の上の空気のあるところに届いたときに、青い色だけが反射して見えているからよ。光には“波長”と呼ばれる波があって、虹のように、赤・橙・黄・緑・青・藍・すみれと全部で7つの色があるのだけど、青いほうの色は赤いほうの色に比べて波長がとても短いのね。だから、太陽から届いた青い光は空一面にちらばって、空が青く見えるのよ…」

真正面から受けとめて、徹底的に論理的に答えます。正確すぎるほど、子どもは次の質問が返せなくなり、終了！ …でも、これをするには、子どもを取り巻く森羅万象について、ママが日々よく観察して科学的に予習する努力が欠かせません。

『考える力を育てる　子どもの「なぜ」の答え方』（向谷匡史、左右社）：不良少年の保護司の経験もある著者が、子どもの「なぜ？」への向き合い方を伝授。親が“最良の師”になるための心得がわかる。

子どもの素朴なギモンを「遊び」や「学び」に変えるヒント

Q1

アイスクリームとソフトクリームの違いって？

A：アイスクリームはちょっとかため、ソフトクリームはやわらかいですよね。その違いは、空気の量と温度によるもの。ソフトクリームはアイスクリームよりも空気の量が多くて、できあがりの温度が高いのが特徴です。アイスクリームはマイナス11〜13℃、ソフトクリームはマイナス4〜5℃。ちなみに、歴史が古いのはアイスクリーム。その起源は紀元前のアレクサンダー大王の時代にまでさかのぼります。

作ってみよう！ アイスクリーム

牛乳、生クリーム、砂糖を混ぜて、冷凍庫へ。かたまりかけたらかき混ぜて空気を取り込み、また凍らせます。これを3、4回繰り返して最後にかためれば、できあがり。

バターとマーガリンの違いって？

A：バターとマーガリンはどちらも脂肪のかたまりですが、原料が違います。バターは牛乳の乳脂肪を、マーガリンは大豆などの植物油をかためて作ります。

作ってみよう！ バター

市販の生クリームと塩少々をペットボトルに入れ、フタをして振り続けます。音がしなくなって黄色い乳脂肪のかたまりができたら、できあがり。残った水分は乳清という成分で栄養がたっぷり。そのまま飲んでも大丈夫です。

おにぎりとおむすびの違いって？

A：違いはありません。手でにぎっても機械で作っても、どちらも「おにぎり」で「おむすび」なんです。おにぎりとおむすびの歴史は古く、1000年以上前のこと。400年くらい前から「にぎりめし」と呼ばれ始め、約150年前に「おにぎり」「おむすび」という言葉が誕生したといわれています。

作ってみよう！ 手でおむすび

たまにはラップを使わず、素手で「おむすび」「おにぎり」を作ってみましょう。きれいに洗った手に塩水をつけて、なるべく熱い状態でごはんを丸めていきます。手に触れるごはん粒の感触が、よりいっそうおいしさを感じさせてくれます。炊きたてのごはんは、やけどに注意。熱すぎるときは少し冷ましてからにぎりましょう。

『カレーライスを一から作る』（前田亜紀、ポプラ社）：材料から器まで、一食のカレーライスに必要なものを一から作ったドキュメント。点と点の知識がつながっていく面白さ。"食＝生命の凝縮"だと教えてくれる。

子どもの夢に近づく週末はこうして作る！

好奇心を刺激するスタンプラリー

STAMP RALLY

動物が好き

行ってみよう！

動物園、牧場、ペットショップ、乗馬クラブ、競馬場

乗り物が好き

行ってみよう！

駅のホーム、線路脇の道、飛行場、バスターミナル

星・月・宇宙が好き

行ってみよう！

プラネタリウム、天文台、近所の土手や河原、デパートやビルの屋上

数字が好き

使ってみよう！

電卓、計量カップ、時計、ストップウォッチ、ものさし

やってみよう！

数値の感覚は、実際に測ってみないとピンとこないもの。「200mlってどれくらい？」「100gって重い？」「50cmって長い？」など、なんでも測る習慣を。大人も勉強になります。

花や木が好き

行ってみよう！

植物園、お花屋さん、庭園

やってみよう！

種は捨てずにまいてみましょう。アボカド、柚子、レモン…芽が出ることもあります。牛乳パックを切って土をつめるだけでミニプランターに。庭がなくても種まきはできます。

魚が好き

行ってみよう！

水族館、魚屋さん、魚河岸、回転寿し、日本庭園の池

やってみよう！

ぜいごとウロコだけ包丁で取れば、小アジくらいの小魚なら子どもの手でさばけます。エラを開いて、内臓を取り出し、流水で洗うだけ。

体を動かすのが好き

行ってみよう！

公園、アスレチックジム、スポーツ観戦

やってみよう！

影踏み遊びは、鬼を決めて相手の影を踏むシンプルな遊び。お天気の日にしかできませんが、影を踏まれないようにポーズを変えたり日陰に隠れたりと、けっこうな運動量に！

絵が好き

行ってみよう！

美術館、写真展、オブジェのある公園、文具店

やってみよう！

子どもが好きなように自由に描くのが一番ですが、たまに「お題」を出してみても。「この人形を描いてみて」「隣のおばちゃんの顔って？」など、子どもの想像が膨らむかも。

見せたいものにこそ、「鍵」をかけて！

「秘密だよ」「見ちゃダメ」と言われるほど、好奇心が湧くというもの。ならば、これを逆手に取ってみませんか？ 子どもに見せたいもの、興味を持ってもらいたいものは、鍵つきの棚やトランクにあえて封印！ でも、子どもがすぐに開けられるように、鍵は目立つ所に置いておきます。こっそり開けてみたら…!? ちょっとした仕掛けが、子どもの好奇心を炸裂させるきっかけになるかもしれません。

『捨てるな、うまいタネ』（藤田雅矢、WAVE出版）：生ゴミだった小さな種に秘められた無限の可能性や楽しさに気づかせてくれる1冊。「タネを生き物だと考える」という視点が新鮮。

KIDS

「今日のおやつ、すごい！」と言わせたい 子どものハートをときめかせる カンタンおやつ7選

お麩を炒めるだけ！

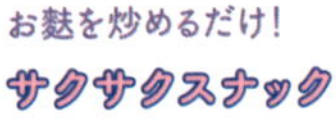

サクサクスナック

フライパンにオリーブオイルやごま油を熱し、お麩を入れてきつね色になるまで炒めます。仕上げにすりごまや塩をかけるだけ。香ばしさがたまりません。

市販のプリン凍らすだけ！

プリンアイス

市販のプリンを、冷凍庫へ。自然解凍して食べます。常温とは違うシャリシャリ食感が楽しめます。ぷるぷるのプリンを凍らせるとどうなるか…まるで理科の実験のようなワクワク感も。

マシュマロ焼くだけ！

あつあつとろ〜りおやつ

竹串にマシュマロを刺してガスコンロの火であぶり、焦げ目がついたら火をフーッと消して！ マシュマロがとろとろに。クラッカーにはさんでもおいしいです。
※やけどには注意してください。

シュワシュワ注ぐだけ！

キラキラフルーツポンチ

リンゴ、イチゴ、ミカンの缶詰、好きなフルーツを切り、大きめのガラスのコップに入れ、サイダーを注ぐだけ！　レモン汁を入れると味がしまります。あまったかき氷シロップやジュースを混ぜるときれいな色に。

『ものすごくおおきなプリンのうえで』（二宮由紀子・ぶん、中新井純子・え、教育画劇）：大きなプリンの上でなわとびをしたら、どうなる？　じゃあ、ホットケーキなら？　甘く、夢のような気分に浸れる絵本。

型で抜くだけ！

形いろいろサンドイッチ

サンドイッチ用の食パンにマヨネーズやバターを塗り、スライスハムをはさんで、クッキー型でくり抜きます。ジャムやピーナツバターで甘い系にしても◎。型の大きさを変えれば、ひとくちサイズならかわいい、ビッグサイズなら豪快なおやつに。トースターやフライパンで焦げ目をつけると、カリッと香ばしくなります。

餃子の皮、焼くだけ！

カリカリせんべい

薄く油を敷いたフライパンを熱したら、餃子の皮を並べて、こんがりするまで焼きます。塩をかければ、香ばしい塩せんべいのできあがり。とろけるチーズをのせて、その上にもう1枚皮をのせれば、チーズせんべいに。

混ぜるだけ！

パックまるごとフルーツゼリー

お気に入りのパック入りフルーツジュースをカップに適量注ぎ、ゼラチンをよく溶かしてから、元のパックに全量戻します。よく混ぜて冷蔵庫で冷やせば1パックまるごとゼリーに。コーヒー牛乳やカフェオレで作ればまた違った味わいに。

オマケにこんな"へんしん"アイデア

子どもの大好物、ちょっぴりアレンジしてみませんか？
味はそのままでも、見た目が変わるとちょっぴりときめきます。

コロコロするだけ！ まんまるキュートに

チーズがへんし〜ん！

➡クリームチーズを手の平でひとくちサイズにコロコロ…味つけはしょうゆやごまをまぶすだけ

マッシュポテトがへんし〜ん！

➡ゆでたじゃがいもに枝豆と塩少々を加えて、ラップでくるんでひとくちサイズにコロコロ…

くるくるするだけ！ かわいいうずまき模様に

たくあんがへんし〜ん！

➡かつらむきしたたくあんに、クリームチーズを塗ってくるくる…最後に食べやすい厚さにスライス

ハムがへんし〜ん！

➡モッツァレラチーズをかつらむきにし、生ハムをのせてくるくる…最後に食べやすい厚さにスライス

『もりのおくの　おちゃかいへ』（みやこしあきこ、偕成社）：おばあちゃんにケーキを届けに行く途中、ひょんなことから動物たちのお茶会に招かれたきっこちゃん。山の恵みたっぷりのケーキに心が躍る。

KIDS

「正しいおやつ」って、なんだろう?
おやつの正解&市販のおやつの楽しみ方

Q そもそも「おやつ」って?

A もともとおやつは「間食（＝間の食事）」。まだ胃袋が小さくて一度にたくさん食べられない子どもの空腹を満たすために、「間の食事」として与えたものでした。少しおなかを満たせればいいので、必ずしも「甘い物」でなくてもいいんです。

Q 3時のおやつとよく言いますが、それ以外の時間でもいい?

A 生活リズムは、家庭によりさまざまです。たとえば、よく外遊びで体を動かす子には、でかける前に食事代わりにもなるスープやおにぎりなどでおなかを満たすのも「おやつ」です。帰宅後の食べ過ぎ防止にもなります。

Q 子どものおやつは、一日何kcalが目安?

A 年齢や体格にもよりますが、一日に必要なエネルギー量の10～15％が目安とされており、3～5歳児なら約150kcalくらいです。農林水産省の「子どもの食育」によると、お菓子やジュースの摂取目安は一日200kcal以内とされています。

200kcalって、どれくらい?

【市販のお菓子類】

ポテトチップス…約半分
アイスクリーム…小1個
板チョコ…約半分
おせんべい…3～4枚
ショートケーキ…約半分
どら焼き…1個

【果物】

ミカン…1個
柿…1個
リンゴ…半分
梨…半分
ぶどう…半房

しょうがないから、うちの子のケーキ、半分食べちゃおうっと。しょうがないからね♪

おやつメニュー、たとえばどんな?

牛乳…100ml（約60kcal）
サラダせんべい…2枚（約70kcal）
お茶…（0kcal）
マドレーヌ…1個（約110kcal）

『子どもの「いのち」を育む　旬のおやつ』（梅﨑和子、クレヨンハウス）：旬の食材のおやつのレシピ。だしやブイヨンいらずの「重ね煮」は、毎日の献立にも取り入れたい。

市販のお菓子を上手に出す工夫

おやつを遊びにする工夫

おやつを宝探しに！　部屋のいろんなところに隠しておいて、「郵便ポスト」「隣の部屋」「階段の下」「パンダのぬいぐるみのうしろ」などと記したくじを引かせます。見つからないと食べられない！　逆に見つけたら大喜びで、大切に食べてくれますよ。

選ぶ楽しみが増す工夫

小さなカゴに、袋買いしたひとくちサイズのゼリー、キャンディーなどを入れておき、おやつの時間に選ばせます。駄菓子屋さんのように、小さなトレーを用意しておくと気分も上々！ あれもこれもとならないように、「それぞれ1個ずつだよ」とルールを決めておくといいですね。

一度に食べすぎない工夫

お菓子用のお皿を用意。ワンプレートなら、数種類を少しずつ出せます。「買ってきたおやつ用のお皿にしようね！」というのも楽しいルールに。

おいしさが増す工夫

食べる時間を決めておきます。待つ時間があるからこそおいしく食べられるということを、おやつを通して教えたいもの。「後でね」「3時になったらね」と言い聞かせて、待つことができたら「よくできたね」とほめるのを忘れずに。

会話が増す工夫

おやつも食事の時間。親子で向かい合って一緒に食べれば、おしゃべりもできて、心の満足度も高まります。

食べたい欲求は、子どもの世界が広がった証かな～。全面禁止なんて無理だし、楽しみながら、ヘルシーに味わう知恵をつけたいね～

自然の甘みに慣れるのも大事よね～ ひとくち大にカットした果物とティーバッグをポットに入れて沸騰したお湯を注ぐと、ほんのり甘い紅茶になるの。果物はもちろん食べられるし。透明のティーポットを使うと色がきれいよ～

『ふゆって どんな ところなの？』（工藤ノリコ、学研教育出版）：くまの子たちが夢見る冬は、アイスの雪だるま、ココアの温泉、わたあめの木々。白銀のスイーツファンタジー。

KIDS

テレビやパソコン、見せっぱなしにはしたくない

どうやってつきあう? メディアの取り入れ方

メディアを通して 絆を深めるヒント

家族で感想ノートを作る

アニメのDVDや映画を見たら、感想ノートを作って、家族みんなでコメントを書きます。「エルサのドレスがきれいだった」「トトロに乗りたい」など。読み返したら、家族の思い出にもなります。アニメの世界では、実生活で偉いはずの人が、悪人として登場することも。いろんなものごとを、さまざまな角度から考えるいい教材にもなるんです。

おうちシネマデー

お気に入りのDVDやテレビ番組をみんなで見る日を作ります。このときだけは、夜のおやつもOK! テーブルやちゃぶ台にドリンクバーを用意したり、大きなクッションや抱き枕、まるめたふとんを用意してゴロンと寝ころんでもよしとします。部屋の明かりを落とすと、ムード満点です。

徹底的に集中する

メディアとほかの遊びに優劣をつけるのではなく、メディアならではの世界に浸るのも現代っ子の遊びの1つだと、時には気楽に考えては? 映像で見る自然の壮大さ、不思議な魔法の世界…二次元にどっぷり浸る時間もたまにはOK。

『これは本』(レイン・スミス・作、青山南・訳、BL出版):電子書籍と紙の本が共存する時代。それぞれのよさはなにか、パソコン好きのロバくん、本好きのサルくんの絶妙な会話が問いかける。

家族で実践！ メディア断食

「テレビもネットも見ない日」を決めて、まずは1日でもいいから実践してみては？ 本当に暮らしに必要か、いいところと悪いところはどこかなど、メディアとの新しいつきあい方のヒントが見えてくるかもしれません。

試してみよう！ メディア断食を始めるコツ

- まずは月1回、一日だけやってみる
- テレビやパソコンに「お休み中です」「閉店です」という張り紙を張る
- テレビに布をかけて視界に入らないようにする
- 電源をコンセントから抜く
- リモコンをしまう

あるかもしれない こんないいこと

❶ 1人遊びが増える

人形やおもちゃを使って、想像の世界で遊ぶようになります。自分の世界に没頭できるってすごいこと。

❷ お互いの声がよく聞こえる

余計なBGMがないので、大声を出さずに済みます。呼んだらすぐ返事もできるようになります。落ち着いて話ができると、イライラも減ります。

❸ 家族の会話が増える

子どもが親に寄り添ってきたり、話しかけてくる時間が増えます。

❹ 遊びの数が増える

絵本、外遊び、工作、歌、踊りなど、子どもなりにほかに楽しい遊びを見つけるようになります。

❺ 早寝早起き

寝る時間が早くなり、その分早起きにもなります。

子どもと一緒に大人も見る

見せっぱなしだと、同じ部屋にいるのにまるで個室にいるような距離感が出てしまいます。見せっぱなしに後ろめたさを感じるのは、ほったらかしだから。だったら、大人も子どもと一緒に楽しみましょう。ちょっと発想転換して「今はテレビやパソコンが、読み聞かせしてくれている」と考えてみては？

テレビやネットを見たがっていたのは、じつはボクのほうだったのかも（反省）。メディアが悪いんじゃなくて、親子で一緒になにかに夢中になる時間が持てないことが、よくないのかもね

『まるまるまるのほん』（エルヴェ・テュレ・作、谷川俊太郎・訳、ポプラ社）：絵本をタッチパネルに見立てて、丸印を指でこすったり、クリックしたり。デジタルネイティブの子どもたちにリアルな本の感触を伝えたいときに。

KIDS

思い出をなるべく残したい

子どもの成長は、書く・撮る・貼る、で残す

書いて残す

子どものことは1行でOK

ふだん使いの日記や手帳に、子どものことプラス1行で、十分に育児日記になります。「トマトをつまみ食べして、すっぱい顔してた」「預けるとき、初めて泣いた」「自転車の練習スタート!」など。しっかり書くより、短くてもいいから残す。それくらいの気持ちでいいんです。

3年日記のススメ

暮らしのいろんなことを書き出しながら、"育児"にも触れる。そのほうがダンゼン書きやすいというもの。3年日記なら、継続すれば、1、2年前の子どもの様子を振り返る楽しさが出てきます。罫線のみのシンプルなものは、でかけたときの切符、チケット、写真なども貼りやすくておすすめ。必ずしも文字で埋めなくてもいいんです。

母子手帳に書く

定期健診、予防接種のとき以外は、あんまり使わない母子手帳。白紙スペースは少ないものの、妊娠期〜6歳までの成長の軌跡をたどれる最もコンパクトな手帳ともいえますから、使わない手はありません。「予備欄」や「保護者の記録」などに、ちょこっと書き込んでおくだけでOKです。

成長した子どもへ いつか手渡す楽しみが生まれる本

『HAPPY BIRTHDAY BOOK』(自由国民社)

生まれてから20歳になるまでの成長の記録を残せる本。幼児期を過ぎても書き込める本は稀少です。成長目覚ましい1歳まではひと月ごとに、1歳以降は1年ごとに見開き完結。ちょい書きに適したほどよい分量も魅力です。
そのときの想いを書き込んだり、写真をスクラップしたり使い方はさまざまです。全ページに美しいイラストがあり、多少の余白も気になりません。この本を手渡すときを想像するだけで幸せな気分になれます。

『ラヴ・ユー・フォーエバー』(ロバート・マンチ・作、乃木りか・訳、梅田俊作・絵、岩崎書店):子どもへのおしみない愛情を詩情たっぷりの言葉で綴る。子育てが辛くなったとき開いてほしい。

撮って残す

"なんでもない日"こそ思い出

保育園の送迎のとき、近所のスーパーで買い物、公園でお散歩…あえて、ふつうの日を撮ってみませんか? いつもの家族の暮らしこそ思い出です。

子ども以外の"モノ"も楽しい思い出

お気に入りのおもちゃや絵本、大好きなごはんのメニューやおやつ、よく着ていた服を見て、懐かしさがこみあげてくることも。子どもが大事にしているモノにもフォーカスして撮ると、思い出が立体的になります。

"スマイル以外"もかわいい思い出

泣き顔、怒った顔、ぐずった顔…スマイル以外の表情にも、子どもの成長がたくさんあります。小さな手足、なにかに夢中になったり見入っている後ろ姿など、ママが「いい!」と感じたものは、なんでも被写体、成長の記録です。

"小さな変化の積み重ね"こそ思い出

定点観測のように、毎年同じ日に、同じ場所で1枚撮るという習慣も面白いもの。たった1年でも子どもの成長は目覚ましいです。子どもとは反対に、パパとママにも次第に貫禄が出てくる様子が見てとれるのでは…? 家族の歴史を振り返るいい機会にもなります。

貼って残す

裏紙に描いた落書き、書き初めたばかりのつたない文字など、なんだか捨てられないということも。そんなときは、ノートやスクラップブックを1冊だけ用意して、どんどん貼っていきましょう。"きれいにまとめる"なんてことはいっさい考えなくてよし。しいて言えば、日付だけはメモ。いつのまにか、思い出の1冊のできあがり。

無理に残さないという残し方

記録に残すために、"今"が楽しめなくなったら本末転倒です。昨日の子どもの姿は永遠に残せないし、今の愛おしさは今だけのもの。決して忘れないように、心のアルバムに焼きつける…そんな気持ちで、日常を見つめる視線も大事です。過去を振り返るより、日々成長の子どもたちと毎日出逢う。そう考えるのも子育ての楽しみの1つでは?

子どもの誕生日の新聞を見返してみると、面白いよ〜 当時のニュースと一緒に、思い出がよみがえってくるんだ〜

📖 『愛されすぎたぬいぐるみたち』(マーク・ニクソン・著、金井真弓・訳、オークラ出版):ぬいぐるみの写真集。ほころびの数は愛情を注いだ証。愛されすぎた子、あなたの家にもいませんか?

「子どもが小さかった頃のことをね、
ポケットのあめ玉をしゃぶるように、
大事に、大事に思い出すのよ。
そうするとね、懐かしくて、幸せな気分になるの」

子どもが大学生になり、
子育てもようやく終わりかけてきた
とあるお母さんが、
しみじみと語った言葉です。

この本を手に取ってくださった子育て中のみなさん、
毎日の育児、本当におつかれさまです。
最近では、子どもを抱っこしているパパを街で見かける機会も増えました。
とはいえ、ママがあれもこれもと背負ってしまう状況はまだまだ多いもの。

日々の食事、健康、子どもにかかわる人間関係、
しつけ、将来、家計、そして自分のこと。

毎日毎日、寝る暇もないくらい忙しい。
なのに、子どもは全然言うことをきかなくて、また怒ってしまう。
そんな自分に、もう、うんざり!
という方もいらっしゃるかもしれません。

だけど、子どもを育てている今、この時は、
人生の大切な一部です。

にぎやかだったり、腹を立てたり、孤独だったり、笑ったり。
子どもと一緒にいるからこそ味わえる、
苦いけれど甘い、そんな時間。

いってきます。いってらっしゃい。
いただきます。ごちそうさま。
おかえり。ただいま。
おはよう。おやすみ。

何気ない一日の繰り返しでできている、尊いこの人生。
あなたの毎日が、どうか満たされた人生につながりますように。

取材協力

小児科専門医　森戸やすみ（さくらが丘小児科クリニック）36～39p、176～179p
小児歯科専門医　髙橋　歩（日本鋼管福山病院小児歯科）88～91p
ヨガインストラクター　大和田礼子（wayoga）158～165p
社会福祉法人子どもの虐待防止センター　168～175p

参考HP

花王「月齢別おしっことうんち」www.kao.co.jp/merries/babycare/unchi/01/
とらばーゆ　関東　toranet.jp/ped_01/
厚生労働省　www.mhlw.go.jp
文部科学省「子供の学習費調査」
www.mext.go.jp/b_menu/toukei/chousa03/gakushuuhi/1268091.htm
金融広報中央委員会「子どものくらしとお金に関する調査」
www.shiruporuto.jp/public/data/survey/kodomo_chosa/
日本政策金融公庫　www.jfc.go.jp
伊藤園「お茶百科」　www.ocha.tv
総務省統計局「なるほど統計学園」　www.stat.go.jp/naruhodo/index.htm
農林水産省「子どもの食育」　www.maff.go.jp/j/syokuiku/kodomo_navi/index.html
亀田製菓　www.kamedaseika.co.jp/cs/
文部科学省「食品成分データベース」　fooddb.mext.go.jp/index.pl

参考文献

『悩めるママに贈る心のヒント』（大日向雅美・監修、NHK出版・編、NHK出版）
『ママの心がふわりと軽くなる子育てサプリ』（佐々木正美、主婦の友社）
『「育てにくい」と感じたら』（近藤直子、ひとなる書房）
『プラス3分ですてきな朝食アイデア帳』（小山浩子、東京書店）
『ぽんたの献立ノート』（ぽんた、KADOKAWA）
『あな吉さんの一番かんたんで、おいしい、ゆるベジレシピ』（浅倉ユキ、西東社）
『おかあさんのおべんとう～母弁』（大平一枝・カナヤミユキ、主婦と生活社）
『子どもに食べさせたいおやつ』（おかあさんの輪、暮しの手帖社）
『闘う！ 母ごはん』（中田ぷう、光文社）
『菜箸のひもを切ると料理はうまくなる』（小田真規子、文響社）
『すごいぞ！ やさいーズ』（成田崇信・監修、KAMAKIRI・イラスト、オレンジページ）
『働きママンのための ママ スキル UP術！　決定版』（働きママン応援団、KADOKAWA）
『仕事も子育ても自分もうまくいく！　「働くママ」の時間術』（馬場じむこ、日本実業出版社）

『共働きファミリーの仕事と子育て両立バイブル』（日経DUAL編集部・編、日経BP社）
『共働き夫婦のための「お金の教科書」』（深田晶恵、講談社）
『MCG　子育てに悩む母親のためのグループ』（社会福祉法人子どもの虐待防止センター）
『子どもに伝わる！ 子どもが変わる！ ママのイライラ言葉 言い換え辞典』（江藤真規、扶桑社）
『子どもをのばすおかあさんがやっている　アンガーマネジメント』（石井実夏、彩図社）
『なぜ夫は何もしないのか　なぜ妻は理由もなく怒るのか』（高草木陽光、左右社）
『問いつめられたパパとママの本』（伊丹十三、新潮文庫）
『各分野の専門家が伝える　子どもを守るために知っておきたいこと』（森戸やすみ・宋美玄ほか、メタモル出版）
『子どもと楽しむ　にっぽんの歳時記　食と手作り12か月』（私のカントリー別冊、主婦と生活社）
『遊び図鑑―いつでも どこでも だれとでも―』（奥成達・文、ながたはるみ・絵、福音館書店）
『子どもと楽しむ「遊び」のヒント』（早未恵理、飛鳥新社）
『散歩が楽しくなる樹の蘊蓄』（船越亮二、講談社＋α新書）
『どんぐりの呼び名事典』（宮國晋一、世界文化社）
『葉っぱで見わけ　五感で楽しむ樹木図鑑』（林将之・監修、ネイチャー・プロ編集室・編著、ナツメ社）
『幸せを引き寄せる小さな魔法　にほんのおまじない』（広田千悦子、徳間書店）
『子ども歳時記　季節のお楽しみ12か月』（広田千悦子、扶桑社）
『ひらがな暦』（おーなり由子、新潮社）
『ちょっと昔の暮らしかたで楽しむ十二か月　日曜日のアイデア帖』（大平一枝、ワニブックス）
『しあわせを呼ぶ 和ごよみ』（岩崎眞美子・サイトウトモミ、学習研究社）
『自然とつながる暮らしかた　空の向こうは 私のうちがわ』（景山えりか、講談社）
『月整活　月のリズムで暮らしと心を整える30の新習慣』（景山えりか、主婦の友インフォス）
『つくって楽しい！ かんたんスイーツ 贈ってうれしい チョコレートスイーツ』（宮沢うらら、汐文社）
『ハウスキーピングブック』（クウネルおうち仕事課・編、マガジンハウス）
『おさよさんの無理なくつづく家事ぐせ』（おさよさん、主婦の友社）
『家事場のバカぢから』（大平一枝・森優子・由井卯月、メディアファクトリー）
『合い言葉は！　早おき・早ね、朝ごはん　早おきからはじめよう』（鈴木みゆき、ほるぷ出版）
『こころに残る 家族の旅』（小川奈緒、京阪神エルマガジン社）
『たべもの くらべっこ えほん』（柳沢幸江・監修、高岡昌江・構成・文、すがわらけいこ・絵、学研教育出版）
『アイスクリームの絵本』（宮地寛仁・編、石井聖岳・絵、農山漁村文化協会）
『ことばのふしぎ　なぜ？ どうして？ 1・2年生』（村山哲哉・監修、高橋書店）
『震災のときあったらいいもの手帖』（チーム住まいと暮らし・編著、一般財団法人住まいの学校）
『おしゃれ「着こなし」ベストコレクション 街で見つけた"ちょい足し"コーデ』（ashimai、大和出版）
『おしゃれの階段』（光野桃、新潮文庫）
『タツノオトシゴ』（クリス・バターワース・文、ジョン・ローレンス・絵、佐藤美果夢・訳、評論社）
『セックス・イン・ザ・シー』（マラー・J・ハート・著、桑田健・訳、講談社）
「かぞくのじかん」2017年夏号（婦人之友社）

「ベビモ」2017年春夏号　2017年夏秋号（主婦の友社）

「のびのび子育て」2017年9月号（PHP研究所）

「サンキュ!」2017年9月号増刊（ベネッセコーポレーション）

「tocotoco」2017年秋号（第一プログレス）

「Special」2017年9月号（PHP研究所）

「bizmom」2017年冬春号／2016年冬春号／2015年夏秋号／2015年冬春号（ベネッセコーポレーション）

「婦人之友」2013年12月号

「暮らし上手の朝支度」EI MOOK NO.2118（枻出版社）

「イラストでわかる!　赤ちゃんにもママにも優しい安眠ガイド」（清水悦子・編著、神山潤・監修、かんき出版）

「母の友」2018年2月号

図表の注について

※注1（70p）

学習費総額：学校教育費、学校給食費及び学校外活動費の合計

・学校教育費：学校教育のために各家庭が支出した全経費

（例）授業料、修学旅行費、遠足費、PTA会費、寄附金、制服、通学費など

・学校給食費：幼稚園、小学校、中学校において、給食費として徴収した経費

・学校外活動費：補助学習費（学習用の図書、参考書、机、家庭教師費、学習塾費など）及びそのほかの学校外活動費（ピアノ、水泳などの月謝、絵本購入費、博物館や動物園の入場料など）の合計

※注2（70p）

文部科学省　平成28年度「子供の学習費調査」の「図10　幼稚園3歳から高等学校第3学年までの15年間の学習費総額」を参照のうえ、グラフを作成

※注3（71p）

日本政策金融公庫「教育費負担の実態調査結果」（平成28年度）の「高校入学から大学卒業までに必要な入在学費用」の図6-（A）を参照のうえ、グラフを作成

※注4（71p）

高専・専修・各種学校、私立短大は、修業年限を2年として算出

※注5（88p）

「デンタルハイジーン」Vol.33　No.10　2013.10（医歯薬出版）の「むし歯になりにくい生活習慣を!」を参照のうえ、作成

謝辞

取材にご協力くださったお父さん、お母さん方、ありがとうございました。（　　　）は、お子さんの性別、2018年4月時点の年齢です。

幼児教室講師（5歳男児、11歳男児、16歳女子）、webデザイナー（5歳男児）、主婦（5歳女児）、空間デザイナー（3歳男児、0歳女児）、音楽出版管理業／コンサートスタッフ（5歳男児）、書籍編集者（5歳男児）、精神保健福祉士／障害福祉関係（1歳女児）、社会福祉士（2歳女児）、主婦（4歳男児、2歳男児）、貿易事務（5歳女児、3歳女児）、書籍編集者（5歳女児、1歳女児）、主婦（1歳男子）、経理（2歳男児）、書籍編集者（9歳男児、5歳女児）、商社（2歳男児）、商社（0歳男児、3歳男児）、出版社（5歳女児、1歳女児）

※本書の情報は、2018年3月時点のものです。

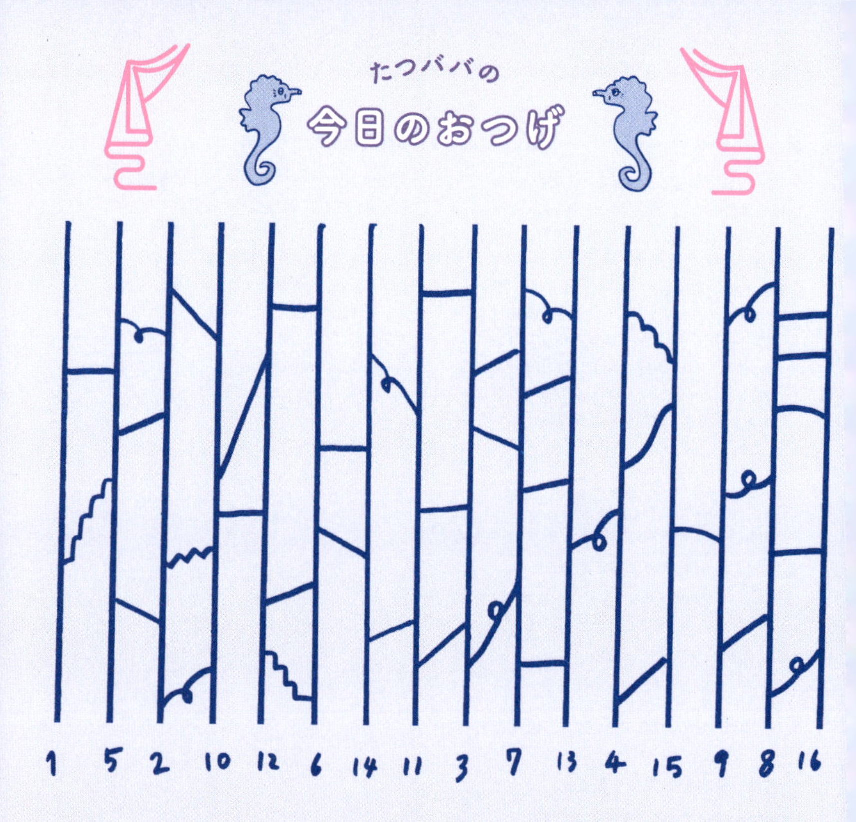

1 休みなさい。え？ 忙しい？ つべこべ言わずに、5分でいいから休むんだよ！

2 今日一日だけは、グチを言わない。口から楽しい言葉だけ出すんだ。今日だけでいい。

3 近くばかり見ないで、世界を見ること。ネットで地図を見るだけでもいいわね。世界は広い！

4 今日は遊ぶ日。真面目にならず、子どもと同じ精神年齢を目指しなさい。自由に！

5 鏡で自分をじっと見つめなさい。そう、あんたはほかの誰でもない、唯一無二の存在だよ。

6 今日だけは、高いお肉を買ってよし！ でも、明日からしばらくふりかけごはんだよ。

7 スキマ時間に、携帯じゃなくてこの本を見なさい。欄外のおすすめ本から、読みたい本を探すんだよ。

8 初挑戦しなさい。買ったことのない食材、行ったことのない場所。失敗しても、ネタに変えればいいんだよ。

9 歌いなさい。子どもと一緒に、大きな声で。イラッとしたら、どなるんじゃない。歌うんだ。ララ～♪

10 動きなさい。悩まないで、迷わないで、考えないで、まず手足を動かす。

11 今日のラッキー動物は、ワニ！

12 明日の朝ごはんはパンかごはんか。もし迷っているなら、めんにしちゃいな！

13 大当たり！ 棚ぼた！ 大吉！ ビンゴ！ LUCKY!

14 かたいものを食べなさい。せんべいとか、おかきとか。イヤなことをバリバリ砕いちまいな。

15 お笑いを見なさい。笑いは邪気を振り払うってのは、本当だよ。

16 この本を適当にパッと開いてみなさい。そこに書いてあることを、今日実践する！

渡辺のぞみ（わたなべ のぞみ）**著**

1977年、埼玉県生まれ。編集プロダクション、出版社勤務を経て、現在はフリーランスで書籍の企画・編集に携わる。主な担当書籍に『お仕事のコツ事典』（文響社）、『42本のローソク』（塚本やすし、冨山房インターナショナル）、『となりの漱石』（山口謠司、ディスカヴァー携書）、『「闇学」入門』（中野純、集英社新書）、『妙ちゃんが行く!』（清川妙、すばる舎）などがある。2013年に第一子（長女）、2016年に第二子（次女）出産。東京都杉並区在住。

Boojil（ブージル）**絵**

アーティスト・イラストレーター。テレビ番組のアートワークや広告、雑誌などの紙媒体を中心に、イラストレーションを手がける。著書『おかっぱちゃん旅に出る』（小学館文庫）がNHK Eテレでアニメ化され話題に。絵本『おかっぱちゃん』（あかね書房）で2018年絵本作家デビューを果たす。
www.boojil.com

デザイン　高橋朱里、菅谷真理子（マルサンカク）
校正　株式会社文字工房燦光
編集　渡辺のぞみ、谷綾子（文響社）

今日は、子どもが可愛く見える
ママのゆるコツ事典

2018年5月22日　第1刷発行

発行者　山本周嗣
発行所　株式会社文響社
〒105-0001　東京都港区
虎ノ門2-2-5　共同通信会館9F
ホームページ　http://bunkyosha.com
お問い合わせ　info@bunkyosha.com
印刷・製本　株式会社廣済堂

ISBNコード:978-4-86651-054-5 Printed in Japan
この本に関するご意見・ご感想をお寄せいただく場合は、郵送またはメール（info@bunkyosha.com）にてお送りください。